Ostern entgegengehen

M. Hirschauer / G. Lohr / J. Sedivy
Gott finden im Alltag
Exerzitien zu Hause
118 Seiten, Paperback
ISBN 3-451-23952-3

Hans A. Höntges / Herbert Falken
**Du hast mich in
den Tod geworfen**
Ein Kreuzweg
48 Seiten mit 14 Farbtafeln, gebunden
ISBN 3-451-26332-7

Isa Vermehren
Aufstand zum Leben
Wegbereitungen für Ostern
120 Seiten, gebunden
ISBN 3-451-23837-3

Joachim Reinelt
Sein Tod ist Leben
Meditationen zur
Fasten- und Osterzeit
96 Seiten, gebunden
ISBN 3-451-23932-9

Verlag Herder
Freiburg · Basel · Wien

Hoffnungsvolle Texte,
die durch das Leben führen

Johannes Paul II.
Aus der Kraft der Hoffnung leben
Jahreslesebuch
400 Seiten, gebunden
ISBN 3-451-23773-3

Richard Rohr
Vision einer neuen Welt
Die Bergpredigt des Jesus von Nazaret
240 Seiten, Paperback
ISBN 3-451-26097-20

Carlo M. Martini
Aus dem Herzen handeln
Christliche Lebenspraxis
nach dem Matthäusevangelium
200 Seiten, gebunden
ISBN 3-451-23253-7

Henri J. M. Nouwen
Leben hier und jetzt
Jahreslesebuch
Hrsg. von Franz Johna
400 Seiten, gebunden
ISBN 3-451-26099-9

Verlag Herder
Freiburg · Basel · Wien

Christoph Schönborn
Leben für die Kirche

Die Fastenexerzitien des Papstes

Herder

Freiburg · Basel · Wien

Titel des Originalwerkes:

Amare la chiesa –

Esercizi spirituali predicati a Papa Giovanni Paolo II

© Edizioni San Paolo s.r.l. 1996.

3., durchges. Auflage 1999

Alle Rechte vorbehalten – Printed in Germany
© Verlag Herder Freiburg im Breisgau 1997
Herstellung: Freiburger Graphische Betriebe
Gedruckt auf umweltfreundlichem,
chlorfrei gebleichtem Papier
ISBN 3-451-26258-4

Dem Presbyterium der Erzdiözese Wien
zum Zeichen des Dankes und der Ermutigung gewidmet.

Inhalt

Kapitel IV

**Die Kirche – durch die Ausgießung
des Heiligen Geistes offenbart**

Kapitel V

**Die Kirche wird am Ende der Zeiten in Herrlichkeit
vollendet werden**

Geleitwort

Des Themas Kirche, das in der Zeit zwischen den Weltkriegen und noch zu Beginn des II. Vatikanischen Konzils mit neuen Erkenntnissen und Ausblicken faszinierte, sind wir inzwischen müde geworden. Was im Leben des einzelnen gilt, scheint auch auf die Kirche zuzutreffen. »Wer auf sich selber schaut, leuchtet nicht«, sagt ein chinesisches Sprichwort. Das würde bedeuten: Eine Kirche, die primär von sich selber redet, verfehlt ihren Auftrag, denn sie ist da als der Ort, an dem Christus wohnt und an dem wir ihm begegnen sollen. Sie steht wie der Mond zur Sonne, so sagen die Kirchenväter: Von ihm – von Christus her – hat sie ihr Licht. Wenn sie nicht dieses Licht auffängt und weitergibt, dann ist sie nur ein glanzloser Klumpen Erde.

Der Wiener Erzbischof Christoph Schönborn hat in den Exerzitienvorträgen, die er in der Fastenzeit 1996 für den Papst und die Mitglieder der Römischen Kurie gehalten hat, das Thema Kirche von diesem Ansatz her aufgenommen. Im Spiegelbild der Kirche zeigt er uns das Geheimnis Gottes, das Wunder der Schöpfung, was es um den Menschen ist, wie er von Christus erlöst, das heißt zu neuer Hoffnung berufen ist und auf welche Weise er diesen Weg der Hoffnung gehen kann. Die Art, in der er von der Kirche redet, erinnert uns an die gotischen Kathedralen, deren Wände farbige Fenster sind, die – vom Licht der Schöpfung angeleuchtet – die ganze Geschichte Gottes mit dem Menschen durchscheinen lassen. Sie sammeln die Schau nach innen und geben gerade so den Blick ins Weite frei, reden von Ewigkeit und Zeit, von Herkunft und Zukunft des Menschen und der Welt. Die Kirche, wie sie uns Schönborn zeigt, ist nicht auf sich selber fixiert, sondern sie ist gleichsam der Aussichtspunkt, der uns das Ganze sehen läßt und zugleich der Ort, an dem wir zueinander finden und so ein jeder sich selber finden kann, weil Gott es ist, der da unser Herz öffnet und unsere Trennungen überwindet.

Der Erzbischof von Wien hatte seine Vorträge eingeleitet mit der Frage der ersten beiden Jünger an Jesus: »Rabbi, wo wohnst du?« Ihnen wird gesagt: »Kommt und seht« (Joh 1,38f). Der Vortragende nahm uns in diese Frage hinein, ließ uns spüren, daß sie unsere Frage ist und führte uns so mit auf den Weg, den die beiden mit dem Meister gegangen sind, um die wahre Bleibe zu finden, in der sie ihn und damit sich selber, das rechte Leben, kennenlernen konnten. Es war faszinierend, wie er diesen Weg mit allen seinen Aussichten und Einsichten vom Katechismus der katholischen Kirche her aufzeigte, dessen Redaktionssekretär er gewesen war. Der spirituelle Reichtum dieses Buches schloß sich uns auf eine unerwartete Weise auf; wir lernten es neu zu lesen und es nicht nur als Lehr-, sondern vor allem als Lebensbuch zu verstehen.

Ich bin froh, daß diese gedrängte und immer in die Tiefe unserer eigenen Fragen führende Wegweisung des Glaubens, die uns in der ersten Fastenwoche 1996 zu Rom geschenkt wurde, durch die Buchveröffentlichung nun vielen Menschen zugänglich wird. Ich hoffe, daß sie viele Leser finden und ihnen die Freude des Christseins vermitteln kann.

Rom, am Fest des heiligen Albert des Großen, 1996
JOSEPH KARDINAL RATZINGER

Einführung

»Gott ist in sich unendlich vollkommen und glücklich« *(KKK 1)*

Mit diesen Worten beginnt der Katechismus der katholischen Kirche. Mit diesen Worten möchte ich dieses Buch, das die Osterexerzitien enthält, die ich im Februar 1996 in Anwesenheit des Heiligen Vaters im Vatikan halten durfte, beginnen. Sie sollen den »Ort« anzeigen, wohin uns der Herr besonders in den Tagen der Vorbereitung auf Ostern einlädt, wo wir »den Ort seiner Ruhe« (vgl. Hebr 4,11) finden. »Meister, wo wohnst du?« – so fragten die ersten Jünger an jenem unvergeßlichen Tag, als sie zum ersten Mal IHM begegneten, als Er sich umwandte und sie sah und ansprach: »Was wollt ihr?« (Joh 1, 38). »Meister, wo wohnst du?« Er antwortete: »Kommt und seht!« Da gingen sie mit und sahen, wo er wohnte, und sie blieben jenen Tag bei ihm; es war um die zehnte Stunde« (Joh 1, 38-39). Noch im hohen Alter ist dem Jünger, den Jesus liebte, diese erste Begegnung gegenwärtig: »es war um die zehnte Stunde«, um etwa vier Uhr am Nachmittag. Von dieser ersten Stunde an begann eine Gemeinschaft, eine Lebensgemeinschaft mit Ihm, begann *die Kirche*. Denn was ist die Kirche anderes als »*Lebenseinheit mit Jesus Christus*« (wie Catechesi Tradendae sagt; vgl. KKK 426)? Sie begann damit, daß Johannes der Täufer »zwei seiner Jünger«, die bei ihm standen, auf Jesus hinwies: »Als Jesus vorüberging, richtete Johannes seinen Blick auf ihn und sagte: Seht, das Lamm Gottes!« (Joh 1, 35-36). Die Begegnung mit Ihm und damit der Anfang der Lebensgemeinschaft mit Ihm, die wir »Kirche« nennen, wurde lange *vorbereitet*. Es bedurfte der vielen Jahrhunderte der »gegenseitigen Angewöhnung Gottes und des Menschen«, wie der hl. Irenäus es ausdrückt (KKK 53), bis *die Stunde* reif war. Jetzt erst konnten die Menschen hingeführt werden zu dem Ort, wo der Herr wohnt und wohin Er seit Anbeginn den Menschen eingeladen hat.

Wie immer im Johannesevangelium greifen das Sichtbare und das Unsichtbare, Himmlisches und Irdisches ineinander: »Wo wohnst du?« Das ist die schlichte Frage zweier etwas verlegener junger Männer, die nicht wissen, wie sie das Gespräch anknüpfen sollen. Und doch schwingt in ihrer Frage die ganze Suche der Menschheit mit, die Frage nach Dem, dessen Vertrautheit die Menschen einmal besaßen und die sie verloren haben: »Meister, wo wohnst du?« Und die Sehnsucht, die aus dieser Frage spricht, ist bereits das Rufen dessen, der seinerseits seit der ersten Sünde den Menschen ruft: »Adam, wo bist du?« (Gen 3, 9).

Und so bekommt im Rückblick des greisen Apostels diese erste Stunde das ganze Gewicht des *Geheimnisses des Anfangs*: nicht nur des zeitlich-chronologisch ersten Momentes der Begegnung, sondern *des Ursprungs* dieser Begegnung *in jenem Anfang*, in dem Gott Himmel und Erde schuf (Gen 1, 1), ja, noch tiefer, in jenem Anfang, in dem das Wort war, und in dem es bei Gott war, und in dem es Gott war und ist und bleibt (Joh 1, 1).

Die Stunde der ersten Begegnung steht für den greisen Apostel Johannes im Licht dieses *Anfangs*, dieses Ursprungs, der Gottes eigenstes Geheimnis ist. Hier begann jener Weg des Vertrautwerdens mit Jesus, auf dem Johannes und die anderen, die bald dazukommen sollten, von Ihm selber hineingeführt werden sollten in den *innersten Ort*, wo *Er* wohnt. Von diesem Ort kann Johannes im hellen Licht des Osterglaubens sagen: »Niemand hat Gott je gesehen. Der Einzige, der Gott ist und am Herzen des Vaters ruht, er hat Kunde gebracht« (Joh 1, 18). In diesen »Ort seiner Ruhe«, den Schoß des Vaters, wird Jesus ihn und die anderen einführen. Von dorther kommt Jesus, von dorther bringt *Er allein* Kunde (Joh 1, 18). Und die Kunde, die der Einzige, der Sohn, vom Herzen des Vaters bringt, lautet: »Vater, ... das ist das ewige Leben, daß sie dich, den einzigen wahren Gott, erkennen und Jesus Christus, den du gesandt hast« (Joh 17, 3).

Dort, im Herzen des Vaters, ruht nicht nur der Sohn, von dort stammt auch der Ratschluß der Schöpfung, der Plan der Gemeinschaft, die Kirche heißt und ist.

All das ist in dieser ersten Stunde der Begegnung noch verborgen. Was sprach Jesus damals mit ihnen, als sie »jenen Tag bei ihm blieben« (Joh 1, 39)? Eigenartig, daß Johannes darüber schweigt, während er wie kein anderer Evangelist die vertrautesten Worte Jesu zu seinen Jüngern überliefert (Joh 13-17). Diese erste Begegnung bleibt als Geheimnis in seinem Herzen verwahrt. Und doch ist es, als sei alles spätere im Geheimnis dieser Stunde schon verborgen enthalten.

Wie entscheidend die Stunden mit Jesus waren, zeigt der nächste Tag: Andreas führt Simon zu Jesus: »Wir haben den Messias gefunden« (Joh 1, 41); und am Tag darauf Natanaël zu Jesus: »Du bist der Sohn Gottes, du bist der König von Israël« (Joh 1, 49).

Zu Beginn dieses Buches geistlicher Übungen lade ich den Leser ein, mit Johannes und wie er auf jene Stunde zurückzublicken, da *wir* das erste Mal Ihm begegnet sind, Er *uns* angesprochen hat mit der Frage:»Was suchst du?« Für jeden hat die Berufung eine eigene, unverwechselbare Gestalt, heute wie auch schon zu Beginn der Kirche. Und wie Johannes das Gedächtnis dieser ersten Begegnung als sein Geheimnis bewahrte, so ist auch für uns das innerste Geschehen der eigenen Berufung nicht in Worte zu fassen, auch wenn wir über äußere Vorgänge sprechen können. Doch können, ja sollen wir in den geistlichen Übungen persönlich zu diesem Anfang zurückkehren, wie immer er ausgesehen haben mag, um dort erneut *Ihn* zu finden, um zu sehen, zu betrachten, »wo Er wohnt« (Joh 1, 39), bei Ihm zu *bleiben*, um dann erneut tun zu können, was Andreas seinem Bruder Simon gegenüber tat: »Er führte ihn zu Jesus« (Joh 1, 42). Was kann es für uns als Geschenk geistlicher Übungen Schöneres geben als sagen zu können: »Wir haben Christus gefunden« (Joh 1, 41) und mit Natanaël zu bekennen: »Rabbi, du bist der Sohn Gottes, du bist der König von Israël« (Joh 1, 49)?

Möge das die persönliche Gnade dieser Exerzitien sein: die alte und immer neue, nie veralternde Freude des »Wir haben Christus gefunden!«

Doch soll in diesen geistlichen Übungen nicht nur die *persönliche* Begegnung mit dem Herrn unser Suchen und Ziel sein. Andreas sagt zu Simon, seinem Bruder: »*Wir* haben Christus gefunden«. Von Anfang an ist es dieses »Wir«! Zu zweit sind sie Jesus nachgefolgt, *gemeinsam* sind sie bei Ihm geblieben, *gemeinsam* sagen sie, wen sie gefunden haben, *gemeinsam* wird Er sie später aussenden.

Die erste Begegnung mit Jesus war wie die *Geburtsstunde* der *Kirche*, die nun seit bald 2000 Jahren ihren Pilgerweg geht und die sich vorbereitet, das Jubiläum, das Gedenken ihrer eigenen Geburt im Kommen des Messias, in der Geburt des Sohnes Gottes zu feiern. Da in der Kirche *alles persönlich* und *alles gemeinsam* ist, persönliche Berufung und gemeinsame Sendung, geht unser Blick in diesen Meditationen nicht nur auf unsere eigene Berufung, sondern auch auf die Sendung der Kirche. Unsere ganz persönliche Berufung durch Christus ist untrennbar auch Einbindung in das »Wir« der Kirche. Ihren »Ort«, ihre »Geburt«, ihren Weg und ihr Ziel betrachten wir in diesem kleinen Werk. Mit der neuen Freude an unserer persönlichen Berufung möge der Herr in uns auch die Liebe zur Kirche, Seiner Braut, erneuern. Ihr zu dienen, für sie zu leben ist unser aller Berufung und Auftrag. Wer sie ist, wo ihre tiefen Quellen liegen, davon sollen unsere Betrachtungen handeln. Um die Kirche mehr lieben zu können, müssen wir sie mit den Augen Jesu sehen, der »die Kirche geliebt und sich für sie hingegeben hat« (Eph 5, 25), wie Er jeden von uns »geliebt und sich für *mich* hingegeben hat« (Gal 2, 20).

Der Plan unserer Betrachtungen folgt einem Text der Kirchenkonstitution des II. Vatikanischen Konzils. In ihrem ersten Kapitel »Über das Geheimnis der Kirche« zeigt die Konstitution »Lumen Gentium« die Kirche als »das von der Einheit des Vaters und des

Sohnes und des Heiligen Geistes her geeinte Volk« (LG 4; KKK 810).

Das Werden und Wachsen der Kirche geschieht in fünf großen Etappen, die einander freilich nicht einfach ablösen, sondern deren Miteinander und Ineinander erst die ganze Wirklichkeit der Kirche ausmacht. Das Konzil sagt von der Kirche:

1. »Sie war schon seit dem Anfang der Welt vorausbedeutet«;

2. »In der Geschichte des Volkes Israël und im Alten Bund wurde sie auf wunderbare Weise vorbereitet«;

3. »In den letzten Zeiten (wurde sie) gestiftet«;

4. »Durch die Ausgießung des Heiligen Geistes (wurde sie) offenbart«;

5. »Am Ende der Weltzeiten wird Sie in Herrlichkeit vollendet werden« (LG 2; KKK 759).

Jedes der fünf Kapitel unserer geistlichen Übungen wird einer dieser Etappen gewidmet sein. Dabei wird der »Katechismus der Katholischen Kirche« immer wieder herangezogen werden. Er soll ja, nach den Worten des Heiligen Vaters, »die Symphonie des Glaubens« ausdrücken (Apost. Konst. Fidei Depositum, 2), und um diesen »Zusammenklang aller Noten«, die Zusammenschau der Teile geht es in den Betrachtungen: »Beim Lesen des ›Katechismus der Katholischen Kirche‹ vermag man die wunderbare Einheit des Geheimnisses Gottes zu erfassen, seines Heilsplanes, ebenso wie die zentrale Stellung Jesu Christi, des eingeborenen Sohnes Gottes« (ebd., 3).

Nicht umsonst empfiehlt der Heilige Vater in »Pastores dabo vobis« (N° 62) den Seminaristen das Studium des Katechismus, damit sie eine Zusammenschau der Glaubenslehre empfangen. In den geistlichen Übungen mag auch uns der Katechismus eine Hilfe sein, um uns als Hörende und Empfangende von unserer Mutter, der Kirche (deren Kinder wir bleiben dürfen, auch als Hirten), im Glauben stärken zu lassen. Der Katechismus sagt es: »Wie eine Mutter, die ihre Kinder sprechen und damit verstehen und zusammenleben lehrt, lehrt uns die Kirche, unsere Mutter, die Sprache des Glaubens, um uns in das Verständnis und das Leben des Glaubens einzuführen« (KKK 171).

Doch kehren wir zum Abschluß noch einmal zum ersten Satz unserer Einführung, zum ersten Satz des Katechismus zurück: »Gott ist in sich unendlich glücklich und vollkommen«. Das erste Wort des Katechismus ist *Gott*. Die erste Aussage des Katechismus ist – fast möchte ich sagen – ein *Jubelruf:* »Gott ist in sich unendlich vollkommen und glücklich«. In diesem ersten, grundlegenden Bekenntnis klingt die *Anbetung* an: *Gott* ist unendlich anbetungswürdig. Ihn zu loben bedarf keiner Rechtfertigung. Er ist unendlich lobwürdig. Doch bedarf Er des Lobes nicht. Es kann Ihm nichts hinzufügen. Nichts fehlt Ihm; Gott ist in sich *unendlich glücklich.* Ihn zu betrachten, zu loben, anzubeten, dazu ist Er selber Grund genug.

Pater Reginald Garrigou-Lagrange OP hielt jeden Samstag eine öffentliche Vorlesung in der Aula Magna des *Angelicum* in Rom. Sie wurde von vielen besucht, auch von Laien aus der Stadt. Eines Samstags wollte P. Garrigou-Lagrange seine Vorlesung beginnen. Das erste Wort war »Gott«. Er sprach es – und verstummte. Nach einer Weile begann er wieder, doch brachte er nach dem Wort »Gott« kein weiteres Wort mehr hervor. Alles wartete in angespannter Stille. Nach einer Weile schlug er sein Buch zu, stand auf und ging ... Der Augenzeuge, der mir dies berichtet hat – er lebt noch – beschloß seinen Bericht: »Es war die eindrucksvollste Theologievorlesung, die ich je gehört habe«.

Weil Gott in sich selber unendlich glücklich und vollkommen ist, deshalb, *und nur deshalb*, ist alles, was Er wirkt, »aus reiner Güte«, aus Liebe getan. Nichts nötigt Ihn, Er bedarf unser nicht, um sich zu verwirklichen. Gott allein IST (KKK 212). Nie werden wir ausschöpfen, was Er ist; nie begreifen, wer Er ist: »Si comprehenderis, non est Deus« (Augustinus, serm. 52, 6, 16; KKK 230).

Doch werden wir teilhaben an Seiner Glückseligkeit. Dazu sind wir geschaffen: »In einem aus reiner Güte gefaßten Ratschluß hat Er den Menschen aus freiem Willen geschaffen, damit dieser an Seinem glückseligen Leben teilhabe.« Was nun in der Nr. 1 des Katechismus folgt, ist wie die Zusammenfassung des ganzen Weges unserer geistlichen Übungen: »Deswegen ist Er dem Menschen jederzeit und überall nahe. Er ruft ihn und hilft ihm, Ihn zu suchen, Ihn zu erkennen und Ihn mit all seinen Kräften zu lieben. Er ruft alle durch die Sünde voneinander getrennten Menschen in die Einheit seiner Familie, die Kirche. Er tut es durch Seinen Sohn, den Er als Erlöser und Retter gesandt hat, als die Zeit erfüllt war. In Ihm und durch Ihn beruft Er die Menschen, im Heiligen Geist Seine Kinder zu werden und so Sein glückseliges Leben zu erben« (KKK 1).

O lux, beata Trinitas et principalis Unitas
iam sol recedit igneus: infunde lumen cordibus.
[O seliges Licht, Dreifaltigkeit und Ureinheit,
Nun da der Sonnenball versinkt, gieß unsern Herzen ein dein Licht]

So beten wir im Hymnus der Sonntagsvesper im Jahreskreis. Bitten wir den Dreifaltigen Gott, daß Er uns in diesen geistlichen Übungen jenes Licht in die Herzen gieße, das *Er selber ist*: O lux, beata Trinitas!

Kapitel I

Die Kirche war schon seit dem Anfang der Welt vorausbedeutet

Erste Betrachtung
Die Kirche ist das Ziel aller Dinge

Die Kirche ist so alt wie die Schöpfung, ja sie ist in gewisser Weise älter als die Schöpfung. »Die Welt wurde auf die Kirche hin erschaffen«, sagten die Christen der Frühzeit. Die Kirchenväter reden von der Präexistenz der Kirche. Im »Hirten des Hermas« (Vision 2, 4, 1) erscheint die Kirche als alte Frau: »Sie war da, bevor es die Welt gab, und für sie wurde die Welt erschaffen«.

»Gott hat die Welt auf die Teilnahme an seinem göttlichen Leben hin erschaffen. Diese Teilnahme kommt dadurch zustande, daß die Menschen in Christus versammelt werden, und diese ›Versammlung‹ ist die Kirche« (KKK 760). *Finis omnium Ecclesia*, das Endziel aller Dinge ist die Kirche. Ein bekanntes Wort des Clemens von Alexandrien faßt diese Schau zusammen: »Wie Gottes Wille ein Werk ist und Welt heißt, so ist seine Absicht das Heil der Menschen, und diese heißt Kirche« (Paedag. 1, 6, 27; zit. in KKK 760).

Die Kirche ist das, was Gott mit der Schöpfung intendiert hat, deren eigentliches Ziel, das erst vollendet sein wird, wenn, wie das Konzil mit den Kirchenvätern sagt, »alle Gerechten von Adam an, ›vom gerechten Abel bis zum letzten Erwählten‹ in der allumfassenden Kirche (Ecclesia universalis) beim Vater versammelt werden« (LG 2).

»In der Ewigkeit schaute Gott bereits den ›totus Christus‹, die Kirche. In ihr fand er sein Wohlgefallen, sie ist das Meisterwerk seines Erbarmens. Seit Anbeginn der Schöpfung führte Gott alles auf die Verwirklichung seines Christus hin«[1]. Wenn alles »auf Christus hin geschaffen« ist (vgl. Kol 1, 16), dann gilt auch, daß alles für die Kirche, seinen Leib (vgl. Kol 1, 18), geschaffen ist.

Diese großartige Vision der »universalis Ecclesia apud Patrem« als dem eigentlichen Ziel der Schöpfung und aller Wege Gottes mit ihr, scheint im Widerspruch zu stehen zu einer viel bescheideneren Sicht der Kirche, die auch in Lumen Gentium anklingt: Schon Pius XI. hatte gesagt: »Die Menschen sind nicht für die Kirche geschaffen, sondern die Kirche ist für die Menschen geschaffen«[2]. Hat nicht das 2. Vaticanum das Bild einer *dienenden Kirche* gezeichnet, die selber kein anderes Licht widerstrahlen kann als das Licht Christi, die, nach einem beliebten Bild der Kirchenväter, dem Mond gleicht, dessen Licht ganz und gar von der Sonne stammt: »Lumen gentium cum sit *Christus...*«[3].

Die Kirche ist *beides, Ziel* und *Mittel, letzte Absicht* des Schöpfungsplanes und zugleich »gleichsam das Sakrament, das heißt *Zeichen und Werkzeug* für die innigste Vereinigung mit Gott wie für die Einheit der ganzen Menschheit« (LG 1). In der pilgernden Kirche beginnt der Schöpfungsplan bereits Wirklichkeit zu werden; in der vollendeten Kirche wird er an sein Ziel gelangt sein. Die vollendete Schöpfung wird die vollendete Kirche sein, dann wird der Sinn von Kirche voll entwickelt sein: Gemeinschaft mit Gott – Gemeinschaft untereinander in Gott. Betrachten wir mit dem Konzil die Kirche in dieser Perspektive, dann ist sie beides, Weg und Ziel, sie ist zugleich Zeichen und das, was dieses Zeichen bezeichnet – oder, wie die klassische Sakramententheologie sagte: Die Kirche ist *sacramentum* (heiliges Zeichen) und *res sacramenti* (heilige bezeichnete Wirklichkeit), doch so, daß *alles* an und in ihr, das Zeichen ist, auf das Bezeichnete hin geordnet ist beziehungsweise sein soll. In den Betrachtungen dieses Buches wird es immer wieder um diese lebendige Spannung im Geheimnis der Kirche gehen, daß sie Weg und Ziel zugleich ist, und daß sie dies *in Christus* ist, dessen Leib, dessen Braut sie ist, Er, der selber »der Weg, die Wahrheit und das Leben« ist.

»Finis omnium Ecclesia«. Die Kirche ist so weit wie Gottes Schöpfungsplan, sie ist dessen »innerer Grund«, wie Karl Barth im Blick auf den Bund gesagt hat[4]. Eine erste Folgerung daraus ist die grundlegende Bedeutung des Schöpfungsglaubens für das rechte Verständnis von der Kirche. Die Schöpfung ist die erste Sprache Gottes. Ohne sie bleibt das Wort Gottes fremd. Im »Katechismus der katholischen Kirche« wird deshalb ausführlich über die Bedeutung der Schöpfungskatechese gehandelt. In der Umbruchszeit nach dem Konzil war es zum Teil zu einer bedenklichen Vernachlässigung der Schöpfungslehre gekommen. Inzwischen hat hier eine Neubesinnung begonnen. Es erweist sich immer deutlicher, daß ohne den ersten Glaubensartikel, den Glauben »an den Schöpfer des Himmels und der Erde«, den anderen Glaubensartikeln das Fundament fehlt (KKK 199; 281).

Die Wahrheit der Schöpfung und des Schöpfers ist die Basis aller anderen Glaubenswahrheiten. Ohne sie ist die Rede vom Bund, von der Tora, von der Menschwerdung des Sohnes Gottes, von Heil und Gnade, von Kirche und Sakrament und von der neuen Schöpfung »bodenlos«. Sie muß deshalb, wenn auch nicht zeitlich, sondern der Sache nach, am Anfang der Evangelisierung, der Glaubensverkündigung stehen. Nicht umsonst begann die altkirchliche Taufkatechese mit der Schöpfungskatechese. Und nicht ohne tiefen Grund beginnt die Feier der Osternacht mit der Lesung des Schöpfungsberichtes. Der *erste Schritt zur Umkehr* ist der Glaube an den einen Gott, den Schöpfer des Himmels und der Erde.

Das kommt in einem seltsamen Bericht der Apostelgeschichte in modellhafter Weise zum Ausdruck. Paulus und Barnabas kommen auf ihrer ersten Missionsreise in Kleinasien in die Stadt Lystra. Dort heilt Paulus einen von Geburt an Gelähmten. Die spontane Reaktion des Volkes: »Die Götter sind in Menschengestalt zu uns herabgestiegen!« Sie nennen Barnabas Zeus und Paulus, den Wortführer, Hermes. Der Zeuspriester bringt Stiere und Kränze und will, mit der Volksmenge, ein Opfer darbringen.

Was Paulus am Areopag als die Frömmigkeit der Athener halb tadelnd, halb lobend bezeichnen wird (Apg 17, 22), hier begegnet sie nicht in akademischem Disput, sondern in der handfesten Form heidnischer Volksreligiosität.

Die beiden Apostel zerreißen ihre Kleider und beschwören die Menge, von solch blasphemischem Tun abzulassen: »Ihr Männer, was tut ihr da? Auch wir sind (nur) Menschen, von gleicher Art wie ihr; wir verkündigen euch das Evangelium, damit ihr euch von diesen nichtigen Götzen bekehrt zu dem lebendigen Gott, der den Himmel gemacht hat und die Erde und das Meer und alles, was sich dort befindet. Er ließ in den vergangenen Generationen alle Heiden ihre Wege gehen; und doch hat er sich nicht unbezeugt gelassen: Er tat Gutes, gab euch vom Himmel herab Regen und fruchtbare Zeiten; so erfüllte er eure Herzen mit Nahrung und Freude« (Apg 14, 8-18).

Seltsame Missionspredigt des Apostels Jesu Christi! Kein Wort von Jesus! Kein Wort von seinem Evangelium. Es ist die einzige Missionsrede, in der Christus nicht genannt wird. Der Grund dafür liegt wohl im Zustand der Adressaten.

Wo der Glaube an den einen wahren Gott fehlt, kann auch Christus nicht gepredigt, die Kirche nicht »eingepflanzt« werden.

Es geht in dieser Szene, in der Situation, die sie bezeichnet, um Fragen, die zugleich höchst metaphysisch und ganz und gar existentiell sind. Es geht um die Grundfrage der Konstitution der Wirklichkeit, des Seins, und um die alles im Leben bestimmende Orientierung der eigenen Existenz.

»Wir sind (nur) Menschen, von gleicher Art wie ihr«: dieses Wort steht für einen gewaltigen Prozeß, der Umdenken und Umkehr bedeutet. »Wir sind Menschen«, keine Halbgötter, aber auch keine Zufallsprodukte, sondern *Geschöpfe.*

Der Schöpfungsglaube führt eine radikale Scheidung ein, ein »diastema«, wie Gregor von Nyssa sagt: die Scheidung zwischen ungeschaffenem und geschaffenem Sein, zwischen Gott, der allein wahrhaft *ist*, ewig und vollkommen, und der Schöpfung, die nicht aus sich selber ihr Sein und ihr Dasein hat. Diese Scheidung ist von so grundlegender Bedeutung, daß wir ihre Tragweite kaum überschätzen können.

»Auch wir sind (nur) Menschen, von gleicher Art wie ihr«: Diese Einsicht ist zugleich religiöser, metaphysischer und ethischer Art. Sie ist nicht auf rein theoretischem Weg zu finden. Nach Paulus erfordert sie eine »Umkehr«: »Bekehrt euch zum lebendigen Gott«, der Himmel und Erde erschaffen hat.

Die Anerkennung Gottes als Schöpfer und die Annahme der eigenen Geschöpflichkeit gelingt nicht ohne eine Abkehr von den »nichtigen Götzen« und eine Hinwendung zum »lebendigen Gott«. Bekehrung heißt schmerzliche Lösung von leidenschaftlichen Abhängigkeiten, aus der Faszination der Götzen, und Befreiung zur Wahrheit und damit zum richtigen Verhältnis von Gott und von Welt.

Paulus weist aber auch auf zwei untrügliche Indikatoren im menschlichen Herzen hin, die anzeigen, daß diese Umkehr, diese Bekehrung keine willkürliche Forderung ist, sondern daß sie zutiefst der Sehnsucht des Menschenherzen entspricht: *Dankbarkeit und Freude.*

Paulus verweist auf die einfache Sprache Gottes in seiner Schöpfung: »Er hat sich nicht unbezeugt gelassen.« Er schenkt Regen und fruchtbare Zeiten, er tut Gutes »vom Himmel herab«. Und er bezeugt sich dem Menschen durch die Sprache des Herzens: er erfüllt eure Herzen mit Nahrung und *Freude.*

All das sind keine *Beweise* dafür, daß die Welt Schöpfung, daß wir Geschöpfe sind. Wohl aber *Hinweise*, die die Vernunft ebenso wie das Herz ansprechen. »Er tat Gutes, gab euch vom Himmel herab Regen und fruchtbare Zeit«: Paulus verweist mit dem »vom Himmel herab« auf die *Unverfügbarkeit* und *Ungeschuldetheit* der elementaren Gaben der Schöpfung, wie Regen und Fruchtbarkeit: Sie sind Gaben des Himmels, »von oben«, das wußte die heidnische Welt noch, unsere Welt droht es zu vergessen und muß es neu lernen! Nur wenn wir die schlichte Dankbarkeit gegenüber dem Geber aller Gaben wiedererlernen, wird auch der Boden bereit sein, die Gaben der Gnade fruchtbar zu empfangen.

Dankbarkeit und *Freude* gehen Hand in Hand. Petrus spricht von der »unaussprechlichen Freude« (1 Petr 1, 8), die denen geschenkt ist, die Christus lieben. Die »Vorschule« dieser Freude ist die von Paulus angesprochene Freude im Herzen derer, die dankbar die kreatürlichen Gaben des Schöpfers annehmen. Diese aus der Dankbarkeit erwachsende Freude im Menschenherzen ist der sicherste Verbündete Gottes auf seinen Wegen mit dem Menschen. Der hl. Ignatius wird in dieser Freude den zuverlässigen Indikator für die Unterscheidung des Willens Gottes entdecken und darauf seine Exerzitien aufbauen.

Finis omnium Ecclesia. In der Schöpfung ist die Kirche vorausgebildet. Die Schöpfung dient daher der Kirche, sie kommt ihr zu Hilfe auf ihrem Weg, sie gelangt in ihr zur Vollendung. Im zwölften Kapitel der Geheimen Offenbarung heißt es, die Erde sei der Frau in der Wüste zu Hilfe gekommen, indem sie den Wasserstrom verschlang, den der Drache der Frau in die Wüste nachspie um sie zu vernichten (Offb 12, 15-16): ein Bild dafür, daß die ganze Schöpfung im Dienst der geliebten Braut, der Frau, der Kirche steht. Freilich zeigt dieses Bild auch, daß diese Hilfe einer bedrängten, verfolgten, gemarterten Kirche gilt. Doch gilt umgekehrt, daß erst im Mysterium der Kirche die Schöpfung jene Heilung findet, nach der sie sich ungeduldig sehnt: »Wir wissen ja, daß die gesamte Schöpfung bis zur Stunde seufzt und in Wehen liegt« (Röm 8, 22). Die Kirche ist die Sehnsucht der ganzen Schöpfung, die »der Nichtigkeit unterworfen wurde durch den, der sie unterwarf, in der Hoffnung, daß auch sie, die Schöpfung, von der Knechtschaft der Vergänglichkeit befreit werde zur Freiheit der Herrlichkeit der Kinder Gottes« (Röm 8, 20f).

In der Liturgie der Kirche, in ihren Sakramenten, im Gebet, in der Heiligung des Lebens, in der tätigen Liebe zu den Armen wird die geheilte Schöpfung bereits Gegenwart. Das Verhältnis von Schöpfung und Kirche läßt sich nur im Blick auf das Paschamysterium annähern, auf das Geheimnis von Sündenfall, Menschwerdung und Erlösung. Augustinus nennt die Kirche »mundus reconciliatus«, versöhnte Welt. Von diesem Weg der Versöhnung, der der Weg und das Ziel der Kirche ist, wird in den folgenden Betrachtungen immer neu die Rede sein.

Schließen wir mit einem Wort des Katechismus: »Die Kirche ist das Ziel aller Dinge. Selbst die schmerzlichen Ereignisse wie der Fall der Engel und die Sünde des Menschen wurden von Gott nur zugelassen als Anlaß und Mittel, um die ganze Kraft seines Armes zu entfalten und der Welt das Vollmaß seiner Liebe zu schenken« (KKK 760[5]).

Zweite Betrachtung
Himmel und Erde

Die Kirche »war schon seit dem Anfang der Welt vorausbedeutet« (LG 2): das heißt, daß die *ganze* Schöpfung, »Himmel und Erde«, Präfiguration der Kirche ist. Der Sinn für Geschöpflichkeit, für das Geschaffensein, ist daher Voraussetzung für den Sinn der Kirche. Die Sprache der Schöpfung ist notwendig, um die Kirche und ihr Geheimnis benennen zu können. Doch gilt auch umgekehrt, daß die Sprache der Schöpfung erst im Licht der Kirche wirklich verstehbar wird.

Die drei folgenden Betrachtungen versuchen, im Licht des Glaubensmysteriums der Kirche, die Präfiguration der Kirche in der Schöpfungsordnung zu betrachten[6]. Die erste Betrachtung gilt dem Verhältnis von Himmel und Erde als dem Urbild der beiden Dimensionen der Kirche, die zugleich »die irdische Kirche und die

mit himmlischen Gaben beschenkte Kirche« (LG 8) ist. Darin eingeschlossen ist eine eigene Betrachtung der »Ecclesia de angelis«,
der Welt der Engel als Präfiguration der Kirche. Die zweite Betrachtung wird sich der »Grammatik« der sichtbaren Schöpfung wid-
men, deren Sprache die Kirche spricht. Die dritte Betrachtung ist
schließlich der göttlichen Vorsehung gewidmet, d. h. der Frage, wie
Gott seinen Schöpfungsplan zum Ziel führt. Leitend in allen drei
Meditationen ist die Schöpfungskatechese des Katechismus der
Katholischen Kirche.

Es gab eine Zeit, da meinten manche Theologen, sie müßten
eigens erklären, daß »Himmel und Erde« einem überholten Weltbild
angehörten, in dem es oben und unten gab. Solches naiv-rationalisti-
sches »Entmythologisieren« vergißt, daß es immer, wie auch das
Weltbild aussehen mag, für den Menschen ein konkretes »Oben«
und »Unten« geben wird: den Himmel über uns und die Erde, auf
der wir leben. Wer in Sehnsucht zum Himmel aufblickt, wer betend
die Hände emporhebt, bezeugt eine Urgegebenheit, die in Mythen
und Symbolen zur Sprache kommt, aber im irdischen Leben des
Menschen verwurzelt ist: daß die Erde nicht alles ist, daß sie in einer
Polarität zum Himmel steht. »Es gibt«, sagt Karl Barth, »in dem einen
Kosmos ein Oben und ein Unten. Sie spiegeln nur – aber sie spiegeln
immerhin – das eigentliche, wahre, strenge Oben und Unten des
Schöpfers und des Geschöpfes, Gottes und des Menschen«[7].

Die Polarität und das Zueinander von Himmel und Erde sind
ein Gleichnis, eine Analogie für das Verhältnis von Schöpfer und
Geschöpf, für die Kirche.

»Im Anfang schuf Gott Himmel und Erde«. Beide gehören
somit in den Raum der Geschöpflichkeit, der Himmel ist ebenso
geschaffen wie die Erde. Gott ist »erhaben über Himmel und Erde«
(Ps 148, 13), beide sind Sein Eigentum (1 Chr 29, 11). Und doch ist
der Himmel gleichsam »Sakrament« für Gottes Höhe und Nähe:
»Denn so hoch der Himmel über der Erde, so groß ist seine Barmherzigkeit gegen die Frommen« (Ps 103, 11).

Die Erde ist auf den Himmel angewiesen. Regen und Tau sind Hinweis auf unser Angewiesensein auf »oben«, von wo »jede gute Gabe und jedes vollkommene Geschenk kommt« (Jak 1, 17). Das Vergessen oder Verdrängen dieser ganz realen Abhängigkeit unseres Erdenlebens vom Himmel über uns entspricht dem tieferen, folgenschwereren Vergessen der radikalen geschöpflichen Abhängigkeit vom Gott des Himmels und der Erde. Dieses Vergessen wirkt sich aus bis hinein in das Kirchenbild, das heute weithin »die Kirche des Himmels« außer Acht läßt, entgegen den klaren Ausführungen von *Lumen Gentium* (Kapitel VII).

In S. Ignazio in Rom hat Andrea Pozzo eine der herrlichsten Darstellungen des Zueinander von Himmel und Erde *in* der Kirche geschaffen: am Plafond des Hauptschiffes – eine grandiose Perspektive barocker Architektur, die sich auf einen unendlichen Himmel hin öffnet: Ignatius steigt empor, der Heiligsten Dreifaltigkeit entgegen. Andere Heilige der Gesellschaft Jesu folgen. Engel steigen auf und nieder, schaffen die Verbindung zu den Allegorien der vier Kontinente, die mit ihrer ganzen Bewegtheit zur himmlischen Gemeinschaft hinstreben.

Steigt die Erde zum Himmel empor? Senkt der Himmel sich zur Erde herab? Beide Bewegungen finden statt. Doch bestimmt das »Oben« ganz das »Unten«; es ist das Ziel seiner Sehnsucht, der Ort, wohin es unterwegs ist. Von »Oben« kommt auch die Hilfe für die Kirche auf Erden, das Licht, das sie hell macht. Die Heimat der Kirche ist »oben«, dort ist »unser Bürgerrecht« (Phil 3, 20).

Aus Angst, es könnte uns »Vertröstung auf das Jenseits« vorgeworfen werden, »Opium des Volkes«, mangelndes Engagement für *diese Welt*, für die Erde, droht uns das Vergessen der himmlischen Heimat der Kirche. Eine pilgernde Kirche, über der sich der Himmel nicht mehr öffnet auf die Gemeinschaft der Engel und Heiligen, wird trostlos und öde; ja sie vergißt ihr *Pilgersein*, die Freude, durch alle Mühe hindurch zur himmlischen Heimat unterwegs zu sein.

Eine Dimension der Polarität von Himmel und Erde sei besonders genannt: das Zueinander der sichtbaren und der unsichtbaren Schöpfung, das für die Kirche von außerordentlicher Bedeutung ist, ist sie doch nicht zu denken ohne jene herrlichen Geschöpfe, die wir Engel nennen.

Daß Gott Himmel und Erde erschaffen hat, das verstand bereits die jüdische, vorchristliche Auslegung auch in dem Sinn, daß er die Welt der »himmlischen Heerscharen« geschaffen hat, die Myriaden geistiger, überirdischer Wesen, die ihm zu Diensten stehen.

Paulus steht in dieser Tradition, öffnet sie aber auf Christus hin: »In ihm wurde alles erschaffen, im Himmel und auf Erden, das Sichtbare und das Unsichtbare, Throne und Herrschaften, Mächte und Gewalten« (Kol 1,16). Die Geschöpfe im Himmel sind die Engel. Sie gehören wie selbstverständlich zur biblischen Welt.

Die Erde ist ärmer geworden, und wir mit ihr, seit das Gespür für die Wirklichkeit der unsichtbaren Geschöpfe selbst unter Christen weitgehend abhanden gekommen ist. Was bedeutet es für unser Verständnis der Eucharistiefeier, daß wir jedesmal, einstimmend in den Lobpreis der Engel das Sanctus singen? Und was bedeutet es für unser Verständnis der Buße, wenn wir im Schuldbekenntnis zu Beginn der Messe die selige Jungfrau Maria, alle *Engel* und Heiligen und die Brüder und Schwestern um ihr Gebet bei Gott, dem allmächtigen Vater, bitten?

Diese Stellen ersatzlos zu streichen wäre eine ehrliche Lösung für jene, die die Engel bloß als Chiffren für gelungene Mitmenschlichkeit verstehen wollen.

Andererseits kehren die Engel, und leider auch die Dämonen, in allerlei Gestalten wieder, im New Age und in der Anthroposophie, im Pandämonium der heutigen Comics- und Rockwelt. Diesem Wildwuchs können wir nur begegnen, wenn wir uns im Glauben auf Wesen und Wirken dieser Geschöpfe besinnen.

Romano Guardini hat das Wesentliche dazu gesagt. In einer Predigt zum Schutzengelfest sagte er:

»Auf die Frage aber, was sie bedeuten, ließe sich manches antworten. Das Entscheidende hat Jesus an heiligster Stelle gesagt, nämlich in dem Gebet, das Er die Seinen gelehrt hat. In dessen dritter Bitte sollen wir Gott angehen, Sein Wille möge auf Erden so erfüllt werden, wie es im Himmel geschehe. Die das aber tun, sind die Engel. Sie, von denen gesagt ist, daß sie »allezeit das Angesicht des Vaters schauen, der im Himmel ist« (Mt 18, 10), verstehen mit liebendem Blick die Meinung des Vorhersehenden und vollbringen in reiner Bereitschaft, mit einer Herrlichkeit von Kraft und Genauigkeit seinen Willen.«[8]

An einem Ort der Schöpfung, wenn auch nicht auf Erden, geschieht der Wille Gottes ganz: im Himmel, in der Welt der Engel, denen die Heiligen zugesellt sind. Das ist die Pracht und die Herrlichkeit dieser Geschöpfe, daß sie ihr ganzes Wesen vollständig, in einem sie ganz erfassenden, durchdringenden Akt ihrer Freiheit, dem Willen Gottes bleibend hingegeben haben: »*Dein Wille geschehe*«. Und daher ist dort, wo dies geschieht, Himmel, und wo dies auf Erden geschieht wie im Himmel, da kommt der Himmel bereits auf die Erde.

Und wo dies nicht geschieht, wo die Freiheit der rein geistigen Geschöpfe, die in einem ungeteilten Willensakt sich ganz erfassen und verschenken kann, sich dem Willen Gottes verweigert, ist die Hölle, und wo dies auf Erden geschieht, dort wird die Erde zur Hölle.

Die Engel führen uns in die reine, lichte Welt des Willens Gottes. Das ist der Grund, warum sie in besonderer Weise Christus umgeben, ja geradezu *seine* Engel sind. Ihr »Ort«, ihre »Heimat« ist der, der ewig sich vom Vater empfängt und sich ihm zurückschenkt, der ganz im Willen des Vaters lebt. Es ist kein Zufall, daß das Leben Jesu so ausdrücklich von den Engeln umgeben ist, von der Menschwerdung bis zur Himmelfahrt, ja bis zur Wiederkunft des Menschensohnes »mit seinen Engeln« (Mt 13,41).

Besonders ergreifend ist die Nähe des Engels in der Stunde der Agonie, der letzten Hingabe an den Willen des Vaters, bis zum Tod.

John Henry Newman hat im »Traum des Gerontius« den Engel der Agonie betrachtet. Was für ein Geheimnis, daß ein Geschöpf den Schöpfer in der Stunde des Todeskampfes trösten und stärken darf!

Welche Analogie für unsere betende und dienende Nähe zu Christus, der nach *Pascals* Wort »in Agonie ist bis zum Ende der Welt«!

Die große christliche Lebensschule der Meister verweist auf die vielfältigen Analogien zwischen der unsichtbaren und der sichtbaren Schöpfung. So sieht sie im »Angelicos Bios« das Urbild des Mönchslebens, der geistlichen Lebensform: Ganz Gott hingegeben im betrachtenden Schauen sind die Engel auch ganz verfügbar, sich senden zu lassen, wohin Gott will. Sie sind ihrem ganzen Wesen nach »dienende Geister« (Hebr 1, 14), darin besteht ihre Würde und Heiligkeit. Darin sind sie Urbilder vollkommener Geschöpflichkeit, Bild der Sendung der Kirche.

Die betende und liebende Gemeinschaft mit den Engeln hält das Bewußtsein wach, daß die Schöpfung nicht auf die Erde beschränkt ist. Ohne das Glaubenswissen um die Engel droht die unsichtbare Dimension der Schöpfung zu verblassen und damit die Komplementarität von Himmel und Erde, von Geistigem und Leiblichem, von Natur und Gnade, die erst die ganze Spannweite der Schöpfung ausmacht.

Die lebendige Gemeinschaft mit den Engeln bewahrt uns auch davor, die unsichtbare Dimension der Kirche zu vergessen. Die Engel zu lieben und zu verehren fördert in uns das Gespür für die Wirklichkeit und die Nähe der Gnade. J. M. Scheeben sagt: »Die Hochschätzung der Gnade bringt eine große Verehrung zu den hl. Engeln mit sich ... Je mehr wir in unserer Schwachheit den Verlust der Gnade zu fürchten haben, desto inniger müssen wir uns ihrem Schutze, ihrer Verteidigung empfehlen.«

Der Hl. Thomas von Aquin sagt einmal: »Bei allen unseren guten Werken wirken die Engel mit« (S. Th. I, 114, 3, ad 3; vgl KKK 350). Die in der Schöpfung grundgelegte Gemeinschaft zwischen der unsichtbaren und der sichtbaren Schöpfung, zwischen den Engeln und dem materiellen Kosmos (eine Wahrheit, um die das christliche Mittelalter tiefer Bescheid wußte als unser Rationalismus), aber auch zwischen Engeln und Menschen, ist wahrhaft »praefiguratio« der Kirche als dem Ziel des Schöpfers!

Dritte Betrachtung
Die sichtbare Welt

»Die Gläubigen müssen also die innerste Natur der ganzen Schöpfung, ihren Wert und ihre Hinordnung auf das Lob Gottes anerkennen«, sagt das Konzil (LG 36, 2).

Die Natur des geschaffenen Seins zu erkennen ist notwendig zur rechten Orientierung des menschlichen Denkens und Handelns.

Die Auslegung der beiden ersten Kapitel der Genesis ist traditionellerweise der »Ort« der christlichen Seinslehre, die Schule des christlichen Denkens. Hier konkretisieren sich gewisse philosophische, metaphysische Grundentscheidungen, die tragende Voraussetzungen für die christliche Heilslehre sind. Die Welt als Schöpfung zu verstehen impliziert ein gewisses Seinsverständnis, eine »Schöpfungsmetaphysik«. Das biblische Sechstagewerk wurde von den christlichen Lehrmeistern als konkrete Entfaltung dieser »Schöpfungsmetaphysik« gesehen. Augustinus und Basilius, Bonaventura und Thomas haben ausführliche Kommentare zum *Hexaemeron* hinterlassen; die Schultheologie hat diesen theologischen Topos hingegen weitgehend vernachlässigt. In unserem Jahrhundert haben Karl Barth und Romano Guardini theologische Auslegungen des Sechstagewerks versucht. Sie blieben damit weithin alleine.

Noch deutlicher ist diese Vernachlässigung in der Katechese der neueren Zeit. Zu sehr herrscht die Sorge vor, man könnte mit den Naturwissenschaften in Konflikt kommen. Die Angst vor einem

»Fall Galilei« einerseits, die Abgrenzung gegen »Fundamentalismus« anderseits hat dazu geführt, daß Gen 1 meist nur als Ausdruck eines vergangenen Weltbildes, nicht aber als »Schöpfungskatechese« gelesen wird.

Der Katechismus hat in seiner Schöpfungskatechese den Versuch unternommen, das *Hexaemeron* daraufhin zu befragen, welche Wahrheiten über die Schöpfung, über das geschaffene Sein, hier anklingen. Wie sehr es sich hier um Grundfragen handelt, die auch das Kirchenverständnis »präfigurieren«, mögen die folgenden Ausführungen erweisen, die sich ganz nahe am Text des Katechismus halten (KKK 337-349):

[338] Die erste, alles weitere bestimmende Lehre ist die Schöpfung aus dem Nichts (KKK 296-298). »Es gibt nichts, was nicht dem Schöpfer sein Dasein verdankt«. Wir können gar nicht tief und ernst genug bedenken, wie weitreichend die »Konsequenzen des Schöpfungsglaubens«- so der Titel einer Schrift von Kardinal Ratzinger[9] sind, in philosophisch-denkerischer Hinsicht ebenso wie in der existentiellen Tragweite. Ein Wort, das die hl. Katharina von Siena von Christus gehört hat, gibt den »Grundton« solcher Betrachtung: »Meine Tochter, weißt Du, wer Du bist und wer ich bin? Es gibt kein seligeres Glück als dies zu wissen. Du bist die, die nicht ist. Ich bin der, der ist«. Alles andere, was der Herr Katharina gelehrt hat, so meint ihr Biograph, der sel. Raymund von Capua, sei in dieser einen Grunderfahrung keimhaft enthalten.

Weil das geschaffene Sein nicht notwendiger Ausfluß aus dem Göttlichen Sein ist, auch nicht ein abgefallener Teil desselben, sondern frei aus Gottes Weisheit und Liebe erdacht und gewollt, ist es auch in der Lage, dem Schöpfer gegenüber ein *Du* zu sein: »Du bist – ich bin«.

Nun folgen sieben *Ausfaltungen* dieser Grundwahrheit, die jeweils einen ihrer Aspekte erhellen. Jede könnte Gegenstand einer eigenen Betrachtung sein.

1. [339] »Jedes Geschöpf besitzt seine eigene Güte und Vollkommenheit«. Die Geschöpfe sind nicht einfach willkürliche Zwischenstationen im großen Fluß der Evolution. Sie haben ihr gottgewolltes Eigensein, ihre eigene »Beständigkeit, Wahrheit und Gutheit«, ihre eigenen Gesetze und Ordnungen, wie das Konzil sagt (GS 36, 2). Der Katechismus betont die ethischen Konsequenzen dieser Wahrheit: »Der Mensch muß die gute Natur eines jeden Geschöpfes achten und sich hüten, die Dinge gegen ihre Ordnung zu gebrauchen. Andernfalls wird der Schöpfer mißachtet, und es entstehen für die Menschen und ihre Umwelt verheerende Folgen« (KKK 339).

2. [340] »Die gegenseitige Abhängigkeit der Geschöpfe ist gottgewollt«. »All die unzähligen Verschiedenheiten und Ungleichheiten besagen, daß kein Geschöpf sich selbst genügt, daß die Geschöpfe nur in Abhängigkeit voneinander existieren, um sich im Dienst aneinander gegenseitig zu ergänzen« (340). Das gilt auch für die Menschen, die in ihrer Würde gleich, in ihren Gaben aber höchst unterschiedlich sind: »Diese Unterschiede entsprechen dem Plane Gottes. Gott will, daß jeder Mensch vom anderen erhält, was er benötigt« (KKK 1937).

Die geschöpfliche Vielfalt ist kein Unfall, wie die Gnosis annimmt, kein Abfall vom Einen, wie der Neuplatonismus meint, sondern gottgewollt, vielgestaltiger Ausdruck der Fülle des Wesens Gottes. In der *communio* der Kirche als dem *einen* Leib Christi in vielen Gliedern wird diese Vielfalt der geschöpflichen und übernatürlichen Gaben sich voll entfalten können.

3. [341] »Die Schönheit des Universums: Ordnung und Harmonie der erschaffenen Welt ergeben sich aus der Verschiedenheit der Seinsformen und der Beziehungen unter diesen« (341).

»Die Schönheit der Schöpfung widerspiegelt die unendliche Schönheit des Schöpfers. Sie soll Ehrfurcht wecken und den Menschen dazu anregen, seinen Verstand und seinen Willen dem Schöpfer unterzuordnen« (341).

Das Staunenswerte ist nicht nur die Ordnung des Kosmos, sondern vielmehr ihre *Erkennbarkeit.* Einstein soll gesagt haben, das Staunenswerte sei nicht so sehr, daß wir die Dinge erkennen, sondern daß sie *erkennbar* sind. Weil sie dem Licht der göttlichen Vernunft entstammen und nicht einem anonymen Chaos, sind sie auch »licht« und »hell« für das Licht unserer Vernunft. Die Kirche wird daher immer die große Verteidigerin der menschlichen Vernunft und ihrer gottgegebenen Kraft sein. Und immer wird der gute Gebrauch der Vernunft der spontane Verbündete des Glaubens sein.

4. [342] Es gibt eine Rangordnung, eine »Hierarchie« der Geschöpfe. Das Gespür für diese Wirklichkeit ist die schöpfungsgemäße Basis für die hierarchische Verfassung der Kirche. Die Schöpfungsordnung lehrt uns, daß Hierarchie und Gemeinschaft keine Gegensätze sind.

»Gott liebt alle seine Geschöpfe, nimmt sich eines jeden an, selbst der Spatzen«(342): *Jedes* Geschöpf ist wertvoll, jedes hat seine eigene Vollkommenheit, alle haben das Geschöpfsein gemeinsam, »und doch sagt Jesus: ›Ihr seid mehr wert als viele Spatzen‹ (Lk 12, 7) und ›Ein Mensch ist viel mehr wert als ein Schaf‹ (Mt 12, 12)« (342). Daß es auch zwischen Geschöpfen gleicher Wesenswürde eine »Hierarchie« gibt, daran erinnert uns etwa das 4. Gebot, und, genereller, die »Ordnung der Liebe«, der *ordo caritatis* (KKK 2197).

Die Besinnung auf den *ordo caritatis* scheint mir heute eine der vorrangigen Aufgaben der katholischen Soziallehre zu sein. Der Katechismus enthält dazu manchen Hinweis (vgl. KKK 1934-1938, geht es doch hier um die *konkrete* Bejahung der Schöpfungsordnung.

5. »Der Mensch ist die Krone der Schöpfung«: Wenn es eine Hierarchie der Geschöpfe gibt, so muß sie auch einen Höhepunkt haben. »Der inspirierte Bericht bringt dies dadurch zum Ausdruck, daß er die Erschaffung des Menschen von der der anderen Geschöpfe deutlich abhebt« (343).

Solche biblische, christliche »Anthropozentrik« wird heute massiv kritisiert. Manche werfen uns vor, *dieses* Menschenbild sei schuld an der ökologischen Katastrophe. Die »Krone der Schöpfung« ist zu deren großer Bedrohung geworden; der Mensch ist der gefährliche Störenfried der Natur, der es besser ginge, gäbe es den Menschen nicht.

Gaudium et spes sagt hingegen mit großer Zuversicht: »Der Mensch ist auf Erden das einzige Geschöpf, ... das Gott um seiner selbst willen gewollt hat« (GS 24, 3). Das impliziert die andere Aussage: »Es ist fast einmütige Auffassung der Gläubigen und Nichtgläubigen, daß alles auf Erden auf den Menschen als seinen Mittel- und Höhepunkt hinzuordnen ist« (GS 12, 1).

Diese Quasi-Einmütigkeit gibt es heute vielfach nicht mehr. Die Problematik ist nicht neu. Schon die Antike kennt den Spott über die christliche Auffassung vom Menschen als »Krone der Schöpfung«. Beliebt ist der Topos, die Anmaßung des Menschen durch den Hinweis auf die Überlegenheit der Tiere zu beschämen. Bedrängender ist die Frage, die Pascal sich stellt, was der Mensch denn sei angesichts der Unermeßlichkeit des Kosmos.

Die Neuzeit ist von beidem geprägt: von einer maßlosen Selbstübersteigerung des Menschen einerseits, von einer radikalen Reduktion des Menschen andererseits.

In der Sigismund-Kapelle in der Kathedrale auf dem Wawel in Krakau hat der Renaissance-Meister in der Kuppel nicht, wie sonst üblich, den Namen Gottes eingeschrieben, sondern seinen eigenen. Und er nennt sich selber: »facto« – Schöpfer! Der Mensch ist zum Schöpfer geworden. Am Ende dieser Exaltation des Menschen als des Schöpfers seiner selbst wird der »homme machine« stehen, der zum Mechanismus, zum bloßen Produkt, zum »Menschenmaterial« reduzierte Mensch. Robert Spaemann bringt es auf die kurze Formel: Der Mensch wird sich selbst zum Anthropomorphismus.

Beiden Tendenzen ist gemeinsam, daß die *Geschöpflichkeit des Menschen* aus dem Blick geraten ist. Immer deutlicher zeichnet sich ab, daß *alles,* auch die Grundlagen des Menschenbildes, vom *ersten Glaubensartikel* abhängt, vom Glauben an den einen Gott, den Vater, den Schöpfer, wie auch *alles* wahrhafte menschliche Handeln vom Befolgen des ersten der 10 Gebote abhängt (KKK 199).

Umso wichtiger ist es, den Sinn, das Gespür für die Geschöpflichkeit des Menschen zu wecken und zu fördern. Das Konzil hat uns in »Gaudium et Spes« die große Charta des christlichen Menschenbildes geschenkt, eine zugleich nüchterne und begeisternde Schau des Menschen. »*Sobria ebrietate*«, »in der nüchternen Trunkenheit« des Heiligen Geistes dürfen wir heute diese Vision der Größe und Würde, der Bedrohungen und der Berufung des Menschen verkünden und vor allem zu *leben* versuchen.

Herzstück dieser Anthropologie ist die Lehre, daß der Mensch »nach dem Bilde Gottes« geschaffen ist (GS 12, 3). Die Entfaltung der Anthropologie des Konzils ist eine der großen Aufgaben für heute. Die Katechesen des Heiligen Vaters haben uns den Weg gewiesen, wie die großen Themen von »Gaudium et Spes« aufgegriffen und weitergeführt werden sollen: die Einheit des Menschen in Leib und Seele, die Gemeinschaft der Personen; »als Mann und Frau schuf er sie«; Vernunft, Gewissen und Freiheit, das Drama der Sünde, das Rätsel des Todes, vor allem aber das Licht Christi, in dem sich erst das Geheimnis des Menschen wahrhaft aufgeklärt hat(GS 12-22). Ohne Anmaßung und Überheblichkeit, mit großer Dankbarkeit, dürfen wir bekennen, daß die Kirche hier einen kostbaren Schatz »in irdenen Gefäßen« trägt, den sie der heutigen Zeit zu eröffnen und weiter zu schenken berufen ist.

Vieles wäre zu dieser großen anthropologischen Schau im Einzelnen zu sagen. Ein Punkt sei wenigstens erwähnt, der im Katechismus immer wieder als tragender Gedanke erscheint: »Das Menschengeschlecht bildet aufgrund des gemeinsamen Ursprungs eine Einheit« (KKK 360; vgl. 225, 404, 775, 831, 842). Papst Pius XII. hat in seiner ersten Enzyklika vom 20. Oktober 1939 mit dem

Hinweis auf diese Lehre sein klares »Nein« gegen die Rassenlehre des Nationalsozialismus begründet. »Lumen Gentium« wird uns die Kirche als Sakrament, d. h. als Zeichen und Werkzeug der Einheit des Menschengeschlechts (LG 1) vor Augen führen. Gerade im folgenden Zitat aus der Enzyklika Pius XII. wird deutlich, wie sehr die Kirche schon vom Ursprung der Schöpfung, vom Anbeginn des Menschengeschlechts »praefigurata« war:

»Wunderbare Schau, die uns das Menschengeschlecht sehen läßt in der Einheit eines gemeinsamen Ursprung in Gott ... in der Einheit der Natur, bei allen gleich gefügt aus stofflichem Leib und geistiger, unsterblicher Seele; in der Einheit des unmittelbaren Ziels und seiner Aufgabe in der Welt; in der Einheit der Siedlung auf dem Erdboden, dessen Güter zu nutzen alle Menschen naturrechtlich befugt sind, um so ihr Leben zu erhalten und zu entwickeln; in der Einheit des übernatürlichen Endziels, Gottes selbst, nach dem zu streben alle verpflichtet sind; in der Einheit der Mittel, um dieses Ziel zu erreichen; ... in der Einheit des Loskaufs, den Christus für alle gewirkt hat« (Pius XII., Enz. »Summi Pontificatus«) .

»Dieses ›Gesetz der Solidarität und Liebe‹ (Pius XII., ebd.) versichert uns, daß bei aller reichen Vielfalt der Personen, Kulturen und Völker alle Menschen wahrhaft Brüder und Schwestern sind« (KKK 361). Die Menschheitsfamilie ist geschaffen und gerufen, »familia Dei«, Familie Gottes zu werden.

Die Solidarität des gemeinsamen Ursprungs bleibt nicht auf die Gemeinschaft der Menschheitsfamilie beschränkt. Sie hat eine noch umfassendere Dimension, auf die die Hexaemeron-Katechese des Katechismus hinweist, zu der wir nun abschließend zurückkehren.

6. [344] Das »Sechstagewerk« bedeutet auch, daß »zwischen *allen Geschöpfen* eine *Solidarität* besteht, denn sie alle haben den gleichen Schöpfer, und sie alle sind auf seine Herrlichkeit hingeordnet« (344). Diese umfassende Schöpfungssolidarität präfiguriert jene neue Schöpfung, die in der Kirche bereits im »Keim und

Anfang« (LG 5) gegenwärtig ist. Die neuzeitliche, kartesianische Trennung von »res cogitans« und »res extensae«, von Menschengeist und Welt, versuchen manche heute zu überwinden, indem sie den Menschen im Ganzen des Kosmos aufgehen lassen möchten. Den christlichen Weg der Schöpfungssolidariät zeigt der Katechismus im Sonnengesang des Heiligen Franziskus (KKK 344), der Gott »mit allen Geschöpfen« preist, sich mit ihnen als Schwester Sonne und Bruder Mond verwandt weiß, mit ihnen in geschöpflicher Hingabe »in großer Ergebung« Gott dient (»e ringraziate e serviteli cun grande umiltate«: 344).

7. [345] Wie sehr freilich die ganze Schöpfung über sich hinaus auf ihre ekklesiale Bestimmung weist, zeigt sich darin, daß das ganze »Sechstagewerk« auf den Sabbat als sein eigentliches Ziel ausgerichtet ist: »Am siebten Tag vollendete Gott das Werk, das er geschaffen hatte« (Gen 2,1).

Der Katechismus zeigt drei Konsequenzen dieser Ausrichtung auf:

– Die Schöpfung harrt zwar noch ihres endgültigen Sabbat, ihrer Vollendung im Reich Gottes. Und doch ist Gottes Werk »vollendet«, es hat seinen Bestand, seine Ordnungen und Gesetze, die Zeichen der Bundestreue Gottes sind: »So wahr ich Tag und Nacht erschaffen und die Gesetze für den Himmel und die Erde festgelegt habe, so gewiß werde ich die Nachkommen Jakobs und meines Knechtes David niemals verwerfen« (Jer 33, 25-26). Nicht umsonst beten wir: »*Unsere Hilfe* ist im Namen des Herrn, der Himmel und Erde erschaffen hat«. Ist Gott in seinem Bund so treu wie in seiner Schöpfung, dann bedeutet unsere Treue zu seinem Bund auch die Verpflichtung, Seine Schöpfung und ihre Ordnung zu achten (KKK 346).

– »Die Schöpfung geschah im Hinblick auf den Sabbat und somit auf die Verehrung und Anbetung Gottes. Der Gottesdienst ist in die Schöpfungsordnung eingeschrieben. ›Dem Gottesdienst soll nichts vorgezogen werden‹, sagt die Regel des hl. Benedikt«

(KKK 347). Schon Israel weiß, daß die Schöpfung nicht um ihrer selbst willen da ist. Ihr Ziel ist die Verherrlichung Gottes, in der das Glück des Menschen und der ganzen Schöpfung besteht. »Die Welt ist um der Ehre Gottes willen geschaffen«, erinnert der Katechismus mit dem 1. Vaticanum (KKK 293), »nicht um seine Herrlichkeit zu mehren, sondern um sie zu bekunden und mitzuteilen«, wird mit dem hl. Bonaventura erklärt (KKK 293).

– Der Sabbat erinnert aber auch an *eine Befreiung*: nach dem Sechstagewerk ruhte Gott »und holte Atem« (Ex 31, 17). Darum soll auch der Mensch die Arbeit ruhen lassen und die anderen, besonders den Armen »zu Atem kommen« lassen (Ex 23, 12; KKK 2172). So rückt der Sabbat in die Nähe der großen Befreiung, des Exodus aus der Knechtschaft Ägyptens. Und auch hier: *praefiguratio* der Kirche! Sie wird der Ort der Ruhe sein, den der Herr verheißt, der Raum der Befreiung aus dem Joch der Sündenknechtschaft.

Damit ist aber ein bisher verschwiegenes Thema angeklungen, das uns fortan ständig begleiten wird: die Frage nach dem Bösen und der Befreiung aus seiner Macht. Ehe wir uns diesem Thema zuwenden sei noch abschließend zur Schöpfungsthematik die Frage der Vorsehung Gottes angesprochen.

Vierte Betrachtung
Gott verwirklicht seinen Plan – die göttliche Vorsehung (KKK 302)

Im Jahr 1273, ein Jahr vor seinem Tod, hielt der hl. Thomas von Aquin in Neapel im heimatlichen Dialekt Predigten über das Glaubensbekenntnis (Collationes in symbolum apostolorum). Seine Predigt über den ersten Glaubensartikel beginnt mit den Worten: »Das erste von allem, was die Gläubigen zu glauben verpflichtet sind, ist, daß es einen Gott gibt. Zunächst ist festzuhalten, was dieses Wort ›Gott‹ besagt. Es bedeutet soviel wie ›Herrscher und Leiter‹ aller Dinge. Derjenige glaubt also an Gott, der glaubt, daß alle Dinge dieser Welt von ihm regiert und geleitet werden. Wer aber meint, daß alles aus Zufall geschehe, der glaubt nicht, daß es einen Gott gibt«.

An Gott glauben und an seine Vorsehung glauben ist untrennbar. An Gott den Schöpfer glauben ist nur möglich, wenn Er zugleich als »Herrscher und Leiter« Seiner Schöpfung geglaubt wird. Herrschen und Leiten heißt aber: zum Ziel führen. Gott führt die Schöpfung zu ihrem Ziel, zu ihrer Vollendung: dem Reich Gottes, der »universalis Ecclesia apud Patrem« (LG 2), der vollkommenen Gemeinschaft der Gerechten mit dem dreifaltigen Gott. »Wir nennen die Fügungen, durch die Gott seine Schöpfung dieser Vollendung entgegenführt, die *göttliche Vorsehung*« (KKK 302).

»Alles, was Gott geschaffen hat, schützt und lenkt er durch seine Vorsehung«, sagt das 1. Vatikanum (KKK 302).

Neben dem Thema der leiblichen Auferstehung gibt es kaum eine Glaubenslehre, die die frühchristliche Theologie und Verkündigung so intensiv behandelt hat wie das Thema *der göttlichen Vorsehung*. Die Antike kennt bestenfalls eine allgemeine göttliche Vorsehung; daß die Gottheit sich um das Einzelne, Konkrete kümmern könnte, ist ihr fremd. Vor allem aber lastet über allem der Glaube an ein Götter und Menschen übergreifendes *fatum*, dem niemand entkommt. Anders das einstimmige Zeugnis der Schrift: »Die Fürsorge der Vorsehung ist *konkret und unmittelbar;* Sie kümmert sich um alles, von den geringsten Kleinigkeiten bis zu den großen weltgeschichtlichen Ereignissen« (KKK 303).

Der hl. Thomas formuliert es eindeutig und klar: »Da nichts sein kann, das nicht von Gott erschaffen wäre, so kann es nichts geben, das nicht seiner Lenkung unterworfen wäre« (S. Th. I, 103, 5). Das ist zweifellos der entscheidende Test für den Schöpfungsglauben: die Annahme, daß die Schöpfung als ganze und in jedem ihrer Teile jederzeit und ganz unmittelbar in Gottes Hand ist:

»Unser Gott ist im Himmel; alles, was ihm gefällt, das vollbringt Er« (Ps 115, 3).

Der Glaube an die absolute Souveränität Gottes ist unendlich tröstlich. *Alle* Heiligen waren davon zutiefst durchdrungen. Zwei Zeugnisse, von den beiden – bisher einzigen – Kirchenlehrer*innen*, bietet uns der Katechismus: Das eine ist ein Wort der hl. Katharina von Siena: »*Alles* geht aus Liebe hervor, alles ist auf das Heil des Menschen hin geordnet. Gott tut nichts außer mit diesem Ziel« (KKK 313). Das andere ist das bekannte Trostgedicht der hl. Theresia von Avila:

Nichts dich verwirre;

Nichts dich erschrecke.

Alles geht vorbei.

Gott ändert sich nicht.

Geduld erlangt alles.

Wer Gott hat, / dem fehlt nichts.

Gott allein genügt. (KKK 227)

Wir wissen nicht, wer Gott ist, aber wir wissen, daß Er ist. Wir wissen nicht, *wie* Gottes Vorsehung waltet, wohl aber, *daß* Er alles zu seinem Ziel führt.

Wir kennen nicht im Vorhinein die Wege Seiner Vorsehung, wir glauben aber, daß keiner unserer Wege außerhalb Seiner Vorsehung liegt. Papst Pius XII. hat 1955 vor Historikern gesagt: »Die katholische Kirche weiß, daß alle Ereignisse nach dem Willen oder der Zulassung der göttlichen Vorsehung geschehen und Gott in der Geschichte Seine Ziele erreicht«.

Diese wunderbare und wesentliche Wahrheit von Gottes souveräner Vorsehung betrachten wir im Folgenden in drei Hinsichten, die alle »praefigurationes« der Kirche darstellen:

a) Gottes Erstursächlichkeit –

die geschöpflichen Zweitursachen;

b) Vorsehung und Gebet;

c) Vorsehung und das Leid.

a) Gott wirkt alles – Seine Geschöpfe wirken selber

Die Heilige, die Papst Pius XI. als »die größte Heilige der Neuzeit« bezeichnet hat, und die jetzt zur Kirchenlehrerin erklärt worden ist – 25 Bischofskonferenzen hatten den Heiligen Vater darum gebeten –, die kleine heilige Theresia, sagt:

»Gott braucht niemand (...), um auf Erden Gutes zu tun« (Ms C, 3v). Sie sagt aber auch: »Der starke Gott liebt es, seine Macht zu zeigen, indem er sich des Nichts bedient« (LT 220/24.2.1897). Sie sagt: »Jesus braucht niemand, um sein Werk auszuführen« (LT 221/19.3.1897), sie sagt aber auch: »Er bedient sich der schwächsten Werkzeuge, um Wunder zu wirken« (LT 201/1.11. 1896).

Gott wirkt souverän. Bei ihm ist nichts unmöglich (vgl. Lk 1, 37; Mt 19, 26). Kann aber das Geschöpf etwas wirken? Oder ist Gott die einzige, universale, alleinwirksame Ursache? Mit dieser Frage berühren wir den tiefsten Grund der Würde des Geschöpfes, besonders der Menschenwürde, aber auch die Frage nach dem Fundament der Kirche und ihrem Wirken.

Die Antwort des hl. Thomas ist von größter Tragweite: Gott gibt den Geschöpfen nicht nur, daß sie *sind*, sondern auch, daß sie *wirken*, jedes seiner Art gemäß. Gerade darin erweist sich die Unvergleichlichkeit und Pracht der Schöpfertätigkeit Gottes: Daß Er »Eigensein« setzt und es als dieses eigene Sein in seinem Sein und Werden trägt. »Denn Gott gibt seinen Geschöpfen nicht nur das Dasein, sondern auch die Würde, selbst zu handeln, Ursache und Ursprung voneinander zu sein und so an der Ausführung Seines Ratschlusses mitzuwirken« (KKK 306).

In der menschlichen Freiheit, diesem Wunder der göttlichen Schöpfung, kommt das besonders zum Ausdruck. Paulus sagt: »Wirkt euer Heil mit Furcht und Zittern. *Denn* Gott ist es, der in euch ebenso das Wollen wie das Vollbringen schafft nach seinem Wohlgefallen« (Phil 2, 12f). Welch ein Paradox: *Wir* sollen wirken, denn *Gott* wirkt in uns! Rein vernunftmäßig läßt sich dieses

Ineinander von göttlicher und menschlicher Freiheit nicht auflösen. Und doch gibt es Zugänge zum Verstehen.

Einen finden wir im Katechismus an überraschender Stelle: im III. Teil, im Kapitel über die menschliche Gesellschaft. Dort lesen wir:»Gott wollte sich nicht die Ausübung aller Gewalt allein vorbehalten. Er überläßt jedem Geschöpf jene Aufgaben, die es den Fähigkeiten seiner Natur gemäß auszuüben vermag. Diese Führungsweise soll im gesellschaftlichen Leben nachgeahmt werden. Das Verhalten Gottes bei der Weltregierung, das von so großer Rücksichtnahme auf die menschliche Freiheit zeugt, sollte die Weisheit derer inspirieren, welche die menschlichen Gesellschaften regieren. Sie haben sich als Diener der göttlichen Vorsehung zu verhalten« (KKK 1884).

Die christliche Gesellschaftslehre hat ihr Maß in den »Sitten Gottes«, dessen Vorsehung gerade dadurch wirkt, daß sie das Eigenwirken der Geschöpfe will und erwirkt. Das *Subsidiaritäts-prinzip* ist *eine* Konkretion dieser Wirkweise der göttlichen Vorsehung. Die Achtung der Freiheit ist eine weitere. *Hier*, in dieser Sicht der menschlichen Freiheit, die von Gott getragen und gewollt ist, wurzelt der *christliche Humanismus*. Der hl. Thomas formuliert es klassisch klar:»Die Lenkung (gubernatio) ist umso vollkommener, je größer die Vollkommenheit ist, die der Lenker (gubernator) den von ihm Geführten mitteilt«. Und Thomas erklärt: Besser ist ein Lehrer, der nicht nur seine Schüler lehrt, sondern sie auch zu Lehrern anderer macht. Das heißt: Gottes Schöpfertätigkeit und Vorsehung ist dort am vollkommensten, wo sie dem Schöpfer möglichst ähnliche Geschöpfe hervorbringt (S.Th. I, 103, 6). Wir sind wieder bei der Bild-Gottes-Lehre.

Wir dürfen es auch so sagen: Gottes Freude ist es, wenn Seine Geschöpfe ihr Eigenwirken entfalten. Gottes Vorsehung erweist ihre Vollkommenheit dort, wo sie »Vorsehende« schafft. Im *schöpferischen Geschöpf* leuchtet der Schöpfer am hellsten auf. Der Schöpfer wird nicht groß gemacht, wenn Seine Geschöpfe klein gemacht werden. Gegen eine solche falsche »Erhöhung« Gottes sagt Thomas: »Wer die Vollkommenheit der Geschöpfe vermindert, vermindert die Vollkommenheit der Macht Gottes. Wer den Geschöpfen ihr eigenes Wirken abspricht, verstößt gegen die Güte Gottes« (Summa contra gentiles 3, 69).

Wer dagegen Freude empfindet über das Wirken der Geschöpfe, über ihre Vervollkommnung, lobt damit den Schöpfer und seine Vorsehung. Die schlichte Freude an einem guten Essen, das Staunen vor einer gekonnten Handwerksarbeit, die tiefe Befriedigung am Gelingen eines eigenen Werkes, die Ergriffenheit über eine selbstvergessene Geste der Hingabe: in all dem leuchtet, ob bewußt erkannt oder nicht, die Pracht des Schöpfers im Wirken seiner Geschöpfe auf. Wer die Freude solchen Wahrnehmens kennt, weiß, wovon ich spreche. Der Geschmack dieser Freude ist unverkennbar. Die Kirche ist *mater et magistra* solcher Freude, wo sie aus der Fülle bejahter Geschöpflichkeit lebt und sich nicht der Sinnenfreudigkeit ihres Schöpferglaubens schämt.

Die Bedrohung unserer Zeit ist die dumpfe Stumpfheit, die solcher Freude nicht mehr fähig ist.

An den Schöpfer zu glauben, das bedeutet auch, an das Große zu glauben, das er seinen Geschöpfen zumutet. Die tiefste Krise in der Kirche scheint mir heute zu sein, daß wir nicht mehr wagen, an das zu glauben, was Gott mit denen zum Guten wirkt, die ihn lieben (vgl. Röm 8,28). Solche geistig-geistliche Kleingläubigkeit wird in der Tradition der Lebemeister *acedia*, geistlicher Überdruß genannt, jenes »Seelenödem« – so nennt es *Evagrius* -, das die Welt und das eigene Leben in ein verdrießliches Grau taucht und den Dingen den Geschmack und Glanz nimmt. Die Tristesse, die heute vielfach in der Kirche umgeht, kommt wohl vor allem daher, daß wir der Zumutung Gottes nicht großherzig folgen und uns nicht mit allem, was wir sind und haben, als Mitarbeiter Gottes (1 Kor 3,9) gebrauchen lassen. Es gibt keine größere Selbstverwirklichung des Geschöpfes als solches völliges Gebrauchtwerden.

b) Vorsehung und Gebet

Gott traut uns nicht nur die Freiheit und das eigene Wirken zu, er mutet uns Größeres zu als wir selber vermögen. Er mutet uns zu, an *Seinen* Werken mitzuwirken, weit über das hinaus, was wir selber können.

Nochmals sei die kleine hl. Theresia zitiert, die dies in unvergleichlich klarer Weise ausspricht:

»Eines Tages, als ich darüber nachdachte, was ich zur Rettung der Menschen tun könnte, zeigte mir ein Wort des Evangeliums ein lebendiges Licht. Einst sagte Jesus seinen Jüngern, indem er ihnen die reifen Kornfelder zeigte: ›Schaut hin und seht, wie die Felder schon weiß sind, um geerntet zu werden‹ (Joh 4, 35), und wenig später: ›Wahrhaftig, die Ernte ist groß, aber die Zahl der Arbeiter ist gering. Bittet doch den Herrn der Ernte, daß er Arbeiter schickt‹ (Mt 9, 37f). Welch ein Geheimnis! Ist denn Jesus nicht allmächtig? Gehören die Geschöpfe nicht dem, der sie erschaffen hat? Warum also sagt Jesus: ›Bittet den Herrn der Ernte, daß er Arbeiter schickt‹? Warum ... Jesus hat eine so unbegreifliche Liebe zu uns, daß er will, wir sollen mit ihm teilhaben am Heil der Menschen. Er will nichts ohne uns tun. Der Schöpfer des Alls wartet auf das Gebet einer armen, kleinen Seele, um die anderen zu retten, die wie jene mit dem Preis seines Blutes erkauft worden sind« (LT 135/19.8.1892).

Durch unser Tun und Wirken können wir an Gottes Vorsehung mitwirken. Durch unser Beten können wir mitwirken, daß Gott noch Größeres wirkt als wir je erreichen können. »Er will *nichts ohne uns* tun«, aber Er will *durch uns* und *mit uns* Größeres tun.

Blaise Pascal sagt in den »Pensées« (659/513): »Warum Gott das Gebet eingesetzt hat. 1. Um seinen Geschöpfen die Würde der Kausalität mitzuteilen ...«. In seiner langen Quaestio über das Gebet erklärt der hl. Thomas: manches können wir selbst verfügen, weil es in unserer Macht steht. Anderes, über das wir nicht verfügen können, kann von uns bewirkt werden, wenn wir es von dem erbitten, der mehr vermag. Deshalb ist für Thomas das *Bittgebet* die

Urform des Betens. Es ist Ausdruck dafür, daß wir *bedürftig* sind, angewiesen auf Gott. Es ist aber auch Anerkennung, daß Gott auch tatsächlich *wirken* kann, was wir nur *erbitten* können. Im Bittgebet liegt daher immer auch ein Moment der Anbetung, des Lobes und des Dankes Gott gegenüber.

Wieder sei die kleine hl. Theresia erwähnt. Ich denke an ihr Gebet für den, den sie »mein erstes Kind« nennt, für Pranzini, den dreifachen Mörder, dessen Bekehrung sie von Gott erbittet, ja deren sie *in einem völligen Vertrauen* in »Jesu unendliche Barmherzigkeit« *gewiß* ist. Ohne Zeichen der Reue geht Pranzini zur Guillotine, als er plötzlich das Kruzifix ergreift und dreimal die Wunden Jesu küßt. Durch dieses von Thérèse erbetene *Zeichen* gestärkt wird sie mächtig vom Verlangen bewegt, »Seelen zu retten« (Ms A, 45v-46 v).

So wird ihr Beten zum Mitwirken am Heilsplan Gottes, mehr noch als ihr eigenes Tun. Gott will, daß wir mitwirken. »Der Schöpfer des Alls wartet auf das Gebet einer armen, kleinen Seele, um die anderen zu retten ... «.

c) Vorsehung und Leiden

Ich erinnere mich an die außerordentliche Sitzung der Bischofssynode 1985 – damals wurde vom Heiligen Vater der Katechismus erbeten –, als am 28. November der greise Kardinal Tomášek das Wort ergriff. Er beschloß seine Rede mit folgenden Worten:

»Dobbiamo lavorare per il Regno di Dio, il che è molto; pregare per il Regno, il che vale di più; dobbiamo soffrire con Cristo Crocifisso per il Regno di Dio, il che è tutto«. -«Wir müssen für das Reich Gottes arbeiten, und das ist viel; mehr bedeutet es, für das Reich zu beten; wir müssen mit dem gekreuzigten Christus für das Reich Gottes leiden, daran liegt alles.«

Als er beendet hatte, standen spontan alle auf und applaudierten dem Zeugen des Glaubens.

Arbeiten, beten, leiden: in dieser Reihenfolge! Wir berühren das Geheimnis des Leidens, des Kreuzes. Wieso ist es das »Um und Auf« des Mitwirkens am Reich Gottes, an der Verwirklichung des Planes Gottes? Welche Rolle spielt in diesem Plan das Übel, das Böse, das Leiden? Wie kam es in die gute Schöpfung? Warum hat Gott es zugelassen? Und warum führt der Weg zur Kirche als dem Ziel der Wege Gottes über das Kreuz? Diese Frage wird unsere Betrachtung immer neu bewegen. Beschließen wir dieses erste, dem Schöpfungsplan als »praefiguratio« der Kirche gewidmeten Kapitel mit einem Wort von Kardinal Jean Danielou: »Gott hat uns einzig erschaffen, um uns an seiner Glückseligkeit Anteil zu geben. Hätte uns Gott nicht geschaffen, um uns auf ewig an seinem Leben teilhaben zu lassen, gäbe es keine Rechtfertigung für das Dasein, die Welt wäre absurd. Nur im Glauben an den Liebesplan Gottes findet die Welt ihren Sinn. Die Welt findet ihre einzige Rechtfertigung darin, daß sie in Jesus Christus zur Glückseligkeit bestimmt ist. Das ist die Antwort auf alle Einwände jener, die sagen: ›Ein gütiger Gott hätte eine solche Welt voller Elend und Tragödien nicht erschaffen können.‹ Paulus antwortet, daß Gott durch all dies hindurch unwiderruflich und endgültig die vom dreieinen Licht umflutete Stadt seiner Söhne sucht und erbauen wird.«[10]

Kapitel II

Die Kirche – im Alten Bund vorbereitet

Erste Betrachtung
Woher das Böse?

Ohne das Drama der Sünde ist der Sinn der Kirche nicht zu verstehen. Denn erst vor dem Hintergrund der durch die Sünde gebrochenen ursprünglichen Gemeinschaft zwischen Gott und den Menschen und der Menschen untereinander wird ersichtlich, warum der Plan Gottes, Seine Geschöpfe an Seinem Leben teilnehmen zu lassen, die konkrete Gestalt einer Erwählung und damit einer Aussonderung annimmt.

Kardinal Danielou sagt: »Gottes Plan wird von der Tragödie des Bösen und der Sünde durchkreuzt. Doch selbst wenn das Böse und die Sünde Gottes Plan stören, vereiteln können sie ihn keinesfalls. Gott, der den ersten Mann und die erste Frau ins Paradies eingesetzt hat, das heißt in seine Glückseligkeit, verfolgt sein Ziel durch die Tragödie der Sünde hindurch weiter, indem er das Opfer seines Sohnes darin einführt. Das Mysterium der Schöpfung wird zum Mysterium der Erlösung durch diesen Konflikt zwischen dem Plan der Liebe und dem Widerstand des Bösen«[1].

Die »Vorbereitung« der Kirche beginnt in dem Moment, als der Mensch durch die Sünde die Freundschaft Gottes verlor. »Die Sammlung der Kirche ist gewissermaßen die Reaktion Gottes auf das durch die Sünde hervorgerufene Chaos« (KKK 761). Diese Wege der neuen Sammlung der Menschheit sind Thema des zweiten Kapitels unserer geistlichen Übungen. Wir betrachten zuerst das Drama der Ursünde, dann die Verheißungen und Wege des »Protoevangeliums«, den Noëbund und schließlich die Liebesgeschichte des Alten, von Gott nie aufgekündigten Bundes.

Unser Blick geht hier nicht einfach auf Vergangenes, sondern auch auf *bleibende* Dimensionen der Kirche. Es ist ja die eine und selbe Kirche, die in der Schöpfung grundgelegt, im Alten Bund vorbereitet, in der Fülle der Zeit gestiftet wurde. In der Kirche bleiben auf ihrem ganzen Weg alle »Schichten« ihrer Konstituierung gegenwärtig, wie auch im Leben des einzelnen die Schöpfungsordnung, die Zeit der Vorbereitung und die Zeit der Fülle gleichzeitig bleiben. In den Betrachtungen dieses Kapitels sind wir sozusagen im *Advent der Kirche*. Mögen diese Betrachtungen die *Sehnsucht* nach dem Erlöser in uns neu wecken, wie auch das Gespür für die Zeichen Seines Advents in unserer Zeit, im Leben der Menschen und der Völker!

Das Geheimnis der Erbsünde (peccatum originale). »Unde malum?« fragt Augustinus in den Bekenntnissen (Conf. 7, 7, 11): »Woher kommt das Böse?«. Auf diese Urfrage der Menschheit findet kein menschliches Suchen und Forschen eine vollständig befriedigende Antwort. Das »Geheimnis der Bosheit« (vgl. 2 Thess 2, 7) erhellt sich erst im Licht des »Geheimnisses des Glaubens« (1 Tim 3, 16). »Wenn wir uns die Frage nach dem Ursprung des Bösen stellen, müssen wir den Blick unseres Glaubens auf den richten, der allein dessen Besieger ist« (KKK 385).

Die Wirklichkeit der Erbsünde ist nicht historischer Forschung oder philosophischer Ergründung zugänglich. Sie ist eine geoffenbarte Wahrheit, die sich als solche der Erfahrung entzieht, auch wenn in ihrem Licht viele menschliche Erfahrungen erhellt und verständlicher werden.

Das wahre Ausmaß, die vollen Dimensionen der Erbsünde konnten erst von Christus her ermessen werden. »Man muß Christus als den Quell der Gnade kennen, um Adam als den Quell der Sünde zu erkennen. Der Heilige Geist, den der auferstandene Christus uns sendet, ist gekommen, um ›die Welt der Sünde zu überführen‹ (Joh 16, 8), indem er den offenbart, der von der Sünde erlöst« (KKK 388).

Die Erkenntnis, daß allein im Namen Jesu Heil ist und daß Er der Retter aller Menschen ist, ließ erst das volle Ausmaß der Folgen der Erbsünde bewußt werden: »daß alle des Heils bedürfen und daß das Heil dank Christus allen angeboten wird« (KKK 389).

Eindringlich sagt der Katechismus: »Die Kirche, die den ›Sinn Christi‹ (vgl. 1 Kor 2, 16) hat, ist sich klar bewußt, daß man nicht an die Offenbarung der Erbsünde rühren kann, ohne das Mysterium Christi anzutasten« (KKK 389).

Es geht hier um einen für unseren Glauben wie unser Leben entscheidenden Punkt: um die Gewißheit, daß durch die Gehorsamstat des *Einen* alle Menschen, ausnahmslos, die je gelebt haben, leben und leben werden, berührt werden, ja daß *in dem Einen* alle eingeschlossen sind.

Wie kann die Tat *eines* Menschen für *alle* Menschen *solche* Folgen haben? Es geht hier um die Grundlagen der christlichen Erlösungslehre. Sollen Christi Tod und Auferstehung nicht nur exemplarische Bedeutung haben, sondern *die* Versöhnungstat Gottes sein, die alle Zeiten umfaßt, dann muß diese eine Tat *alle* Menschen erreichen. Wie sollen wir beten können: »Wir beten dich an, Herr Jesus Christus und preisen dich, denn durch *Dein* Kreuz hast du die *ganze* Welt erlöst«? Oder im III. Hochgebet: »Durch dieses Opfer unserer Versöhnung bringst Du der *ganzen Welt* Frieden und Heil«? Es geht um die Universalität Christi, um Ihn als den einzigen Mittler.

Die menschliche Solidarität genügt hier zweifellos nicht, um Jesu Wirken für alle Menschen zu begründen. Weil Gott ihn zum *Haupt* der Menschheit gesetzt hat, weil alles »durch ihn und auf ihn hin geschaffen ist«, weil »er vor allem ist und alles in ihm Bestand hat« (Kol 1, 16-17), deshalb ist in der Tat Seines »Gehorsams bis zum Tod, zum Tod am Kreuz« (Phil 2, 8) die ganze Menschheit eingeschlossen, deshalb kann Gott durch ihn den Plan seines Wohlgefallens verwirklichen, »nämlich das All in Christus wieder unter ein Haupt zu fassen« (Eph 1, 10), und dies durch die Kirche, die sein Leib ist.

Ist es einfach eine theologische Schlußfolgerung, nun ebenso eine Ungehorsamstat *eines* Menschen anzunehmen, die für *alle* Menschen Unheilsfolgen hat? Ist das *Fundamentalismus*, eine *reale* Tat unserer Stammeltern anzunehmen? Fundamentalismus wäre es, die Symbolsprache der Bibel als solche wörtlich zu nehmen. Etwas anderes ist es, die einhellige Glaubensüberzeugung der Schrift als gültig und wahr anzunehmen, daß das Menschengeschlecht *eine* Familie bildet, von gleicher Natur und gemeinsamem Ursprung (vgl. Gen 3, 20; 5, 1-2; 1 Chr 1, 1; Weish. 10, 1; Hiob 15, 7; Sir 49, 17; Mal 2, 15; Tob 8, 6; Apg 17, 26). Diese Annahme ist eine *Voraussetzung* für die Lehre von der Erbsünde wie auch für die Gewißheit der gleichen Würde *aller* Menschen.

Doch zum Verständnis der Erbsünde bedarf es noch eines weiteren biblischen Grundgedankens: in den Stammeltern, in Adam und Eva, ist das ganze Menschengeschlecht »wie der eine Leib eines einzigen Menschen« (Thomas v. A.; KKK 404). Ihre Berufung ist nicht nur individuell, sie schließt *alle* ihre Nachkommen wie die Glieder *eines* Leibes ein. In der »Prüfung ihrer Freiheit« (KKK 396) durch Gottes Gebot stand das ganze Geschick der Menschheit auf dem Spiel. Deshalb traf ihre persönliche Sünde zugleich die ganze, noch in ihrem Schoß verwahrte Menschheit. Alle Menschen kommen deshalb als »exules filii Hevae«, als verbannte Kinder Evas (Salve Regina) zur Welt. Was unsere Stammeltern verloren haben, fehlt allen ihren Kindern, und diesen Mangel nennen wir *Erbsünde.*

Die *Glaubensanalogie* kann uns helfen, die Tragweite der Berufung *eines* Menschen für *alle* tiefer zu begreifen. Die Verkündigung an Maria war der einzigartige Augenblick, in dem Gott *einem* Menschen das ganze Gewicht der Menschheitsgeschichte in die Hand legte. Großartig hat der hl. Bernhard von Clairvaux in seiner Predigt »Missus est angelus Gabriel« (IV, 8) diesen Augenblick betrachtet: die ganze Schöpfung blickt gespannt und voll Hoffnung auf Maria, bittet sie um das zustimmende Ja-Wort, an dem das Los aller Menschen hängt. Der hl. Thomas von Aquin fügt hinzu: »Durch die Verkündigung [des Engels] wurde die Zustimmung der Jungfrau Maria erwartet an Stelle der ganzen menschlichen Natur« (loco totius humanae naturae) (S.Th. III, 30, 1; vgl. KKK 511).

Der *Realismus* dieses Augenblicks ist wohl die treffendste Glaubensanalogie, um die Berufung der Stammeltern zu verstehen. In Maria steht in aller geschichtlicher Konkretheit das Geschick der ganzen Menschheitsfamilie auf dem Spiel.

Wir berühren hier ein »Grundgesetz« der Werke Gottes, das in der Kirche tragende Bedeutung hat: Gott kommt durch *einzelne*, bestimmte Menschen, um *alle* zu erreichen. Nie ist das Geschick der Menschheit einfach das blinde Spiel anonymer Mächte. Weil die Schöpfung selber ein dem Menschen zugedachtes Erbe ist, Anruf des Schöpfers an die Freiheit seiner Geschöpfe, hängt das Geschick der Schöpfung im Entscheidenden vom freien *Ja* der Geschöpfe ab. Die Lehre von der Erbsünde bestätigt (zusammen mit der Erlösungslehre), daß die Geschichte immer Geschichte sich schenkender oder sich verweigernder Freiheit ist. Die Erbsündenlehre ist der sichere Schutz der christlichen *Freiheitslehre*.

Die Annahme der Ursünde als einer freien, wirklichen Tat der Stammeltern setzt deren wirkliche Existenz voraus. Historisch ist sie unzugänglich. Die Archäologie, die Paläontologie werden sie nicht finden. Der ursprüngliche Glanz ihres Menschseins in der Gottesfreundschaft ist unserem von der Erbsünde verdunkelten, getrübten Blick nicht mehr zugänglich.

In den Heiligen erahnen wir etwas von dieser ursprünglichen Pracht. Doch kennen wir kein Menschsein, das nicht die entstellenden Narben der Sünde trägt. Maria ist die einzige Ausnahme. *Tota pulchra es, Maria*, singt die Liturgie – wie sollte man da nicht an die unvergleichlich schöne Motette von Bruckner denken! Hier liegt eine der Bedeutungen des *Immaculata*-Dogmas: In Maria blicken wir, wie durch zahllose Generationen hindurch, in das Antlitz der Frau, wie Gott sie geschaffen hat – Eva, die Mutter aller Lebendigen. Liegt hier ein Grund für die unwiderstehliche Anziehung, die Maria überall auf Erden ausübt?

Das Dogma von der Erbsünde ist also von unschätzbarer Bedeutung für das Ganze des Glaubensgefüges. Es wäre nun wichtig, dies im Einzelnen, in verschiedenen Bereichen der Glaubenslehre aufzuweisen. Es wäre auf die Anthropologie zu verweisen, im Sinne des bekannten Wortes von Pascal: »Sicher befremdet uns nichts härter als diese Lehre; und doch bleiben wir ohne dieses unverständlichste aller Geheimnisse uns selber unverständlich …. und so ist der Mensch ohne dieses Geheimnis noch unverständlicher, als dieses Geheimnis dem Menschen unverständlich ist« (Pensées 434). Es wäre die große Tragweite der Erbsündenlehre für die Gesellschaftslehre zu verdeutlichen, wie es in »Centesimus annus« Nr. 25 geschah: »Die Gesellschaftsordnung wird umso beständiger sein, je mehr sie dieser Tatsache Rechnung trägt«. Welches Unglück Ideologien gebracht haben, die ein irdisches Paradies verheißen, zeigt unser »Jahrhundert der Wölfe« – so der Titel der Memoiren von Nadjaschda Mandelstam.

Auf *einen* Aspekt möchte ich freilich ausdrücklich hinweisen: die innere Beziehung zwischen *Erbsündendogma* und *Kirchenverständnis*. Den Hinweis verdanke ich Robert Spaemann:

»Der seit dem II. Vaticanum aufgewertete Begriff des ›Volkes Gottes‹ scheint mir indirekt hilfreich für ein neues Verständnis der Erbsünde zu sein. Das Bewußtsein einer solidarischen Hilfsgemeinschaft ist gewachsen, das Bewußtsein, daß niemand das Heil sich selbst verdanken kann.«

Wir *alle* verdanken das Heil dem Opfer Christi. Alle bedürfen wir des Heils, weil wir alle in Schuld verstrickt sind. Diese kollektive Verstrickung in Schuld besteht nun aber gerade

»nicht darin, daß die Menschheit sozusagen eine solidarische Schuldgemeinschaft ist, sondern umgekehrt darin, daß sie aufgrund einer anfänglichen Schuld *aufgehört hat, eine solidarische Gemeinschaft zu sein.* ›Einst ward ihr nicht Volk‹ (1 Petr 2, 10), sagt der heilige Petrus, und Jesaias, den Petrus zitiert: ›Wir gingen alle in die Irre, wie Schafe, ein jeder sah auf den eigenen Weg‹ (Jes 53, 6).

Die Erbsünde ist ja nicht eine positive Qualität, die jeder Mensch von seinen Voreltern erbt, sondern sie ist das Fehlen einer Qualität, die er hätte erben sollen. Diese fehlende Qualität ist die der Zugehörigkeit zu einer Heilsgemeinde. Die Menschheit ist nicht mehr eine solche Heilsgemeinde. Das Hineingeborenwerden in die Menschheit ist also nicht das Hineingeborenwerden in eine Heilsgemeinde, in ein Volk Gottes. Bei einer individuell anzueignenden Qualität könnte man fragen, warum sie einem Menschen bloß deshalb nicht zuteil wird, weil ein anderer sich verfehlt hat. Die Qualität der Zugehörigkeit zu einem das Heil vermittelnden Volk Gottes kann aber gar nicht weitergegeben werden, wenn dieses Volk gar nicht existiert. Man könnte die Erbsünde als den Zustand der anfänglichen Nichtzugehörigkeit zu dem Volk Gottes interpretieren. Die Zugehörigkeit zu dem neuen Volk Gottes geschieht nicht durch das Hineingeborenwerden in einen natürlichen Lebenszusammenhang, sondern durch Glaube und Sakrament. Das neue Volk Gottes ist zwar potentiell identisch mit der Gesamtmenschheit, aber faktisch ist es – umgekehrt – aus dieser herausgenommen. So beginnt der Apostel Petrus seine Predigt mit dem Aufruf »Laßt euch retten aus diesem verkehrten Geschlecht« (Apg 2, 40)«[2]

Diese hilfreiche Deutung der Erbsünde entspricht genau dem Kerngedanken der Volk-Gottes-Lehre des Konzils, die mit den Worten beginnt:

»Zu aller Zeit und in jedem Volk ruht Gottes Wohlgefallen auf jedem, der ihn fürchtet und gerecht handelt (vgl. Apg 10, 35). Gott hat es aber gefallen, die Menschen nicht einzeln, unabhängig von aller wechselseitigen Verbindung, zu heiligen und zu retten, sondern *sie zu einem Volke* zu machen, das ihn in Wahrheit anerkennen und ihm in Heiligkeit dienen soll« (LG 9).

Den »Etappen« dieser »Volkswerdung«, dieser Bildung der »familia Dei«, gehen wir in den weiteren Betrachtungen nach.

Zweite Betrachtung
Das Protoevangelium

»Wir preisen dich, heiliger Vater, denn groß bist du, und alle deine Werke künden deine Weisheit und Liebe. Den Menschen hast du nach deinem Bild geschaffen und ihm die Sorge für die ganze Welt anvertraut. Über alle Geschöpfe sollte er herrschen und allein dir, seinem Schöpfer, dienen. Als er im Ungehorsam deine Freundschaft verlor und der Macht des Todes verfiel, hast du ihn dennoch nicht verlassen, sondern voll Erbarmen allen geholfen, dich zu suchen und zu finden« (Eucharistisches Hochgebet IV).

Beides kennzeichnet unsere Lage: daß wir alle »der Macht des Todes« verfallen sind, und daß Gott dennoch *sich* und *uns* treu bleibt. Unsere Lage ist *erbärmlich*, doch Gottes *Erbarmen* findet Wege und Mittel, uns zu helfen, Ihn zu suchen und zu finden.

Drei »Etappen« dieses Suchens und Findens sollen die Themen der zweiten Betrachtungen dieses Kapitels sein: das »Protoevangelium«, der Noebund, die Erwählung Israels. Dabei geht es im christlichen Verständnis nicht einfach um Vergangenes, um die Vorgeschichte der Kirche, sondern um Wirklichkeiten, die bleibend gültig sind, auch dann, wenn sie in der Kirche des neuen Bundes eine Erfüllung finden, die noch nicht in ihnen selber lag. Diese Betrachtungen sind umso wichtiger, als die Kirche selber noch »in statu viae«, unterwegs ist, und dies inmitten einer Welt, die oft noch weit davon entfernt ist, »mundus reconciliatus« zu sein, in der »familia Dei« ihre Heimat gefunden zu haben.

Der Bericht vom Sündenfall und seinen Folgen (Gen 3) mag einer wissenschaftlich-rationalen Geisteshaltung einfach als mythisches Märchen, als »primitives Weltbild« erscheinen. Und doch, je länger wir diese Worte betrachten und zugleich über das menschliche Dasein nachdenken, desto erschreckender und erschütternder zeigt sich, »wie unheimlich recht die Offenbarung hat ... auch dann, wenn sie vor aller Wissenschaft töricht erscheint«[3]

Drei Aspekte, die zweifellos in ganz dominanter Weise zum menschlichen Leben gehören, werden angesprochen: die Welt der Arbeit im Urteil Gottes über den Mann; die Welt des Verhältnisses der Geschlechter im Urteil über die Frau; die Situation des Kampfes zwischen Gut und Böse im Urteil über die Schlange. In allen drei Bereichen kommt eine tiefe Verstörung der menschlichen Verhältnisse zum Ausdruck, zugleich aber auch eine Verheißung, ein »erstes Evangelium«. Als Christen und besonders als Hirten ist es uns aufgetragen, die Ereignisse, die Geschichte, die Gegenwart, die Situation des Menschen *im Licht der Offenbarung* zu sehen, von der Romano Guardini an oben zitierter Stelle sagt, sie sei »die allein Wissende«. Nur ein nüchterner Blick auf das, was uns in Gen 3 über den gefallenen Zustand des Menschen gesagt wird, läßt uns auch verstehen, warum *das Kreuz* notwendig war und ist, warum die Welt und jeder Mensch der Erlösung bedürfen, aber auch, daß das Geheimnis der Gnade von Anfang an in der Geschichte der gefallenen Menschheit am Werk ist.

1. » Weil du ... von dem Baume gegessen hast, von dem Ich dir geboten, du solltest nicht davon essen, soll der Erdboden verflucht sein um deinetwillen. In Mühsal sollst du dich von ihm nähren dein Leben lang, und Dornen und Disteln soll er dir tragen ... bis du zur Erde wiederkehrst, von der du gekommen bist. Denn Staub bist du, und zum Staube mußt du zurück« (Gen 3, 17-19).

Wie anders klingt das als der Fortschrittsoptimismus. Mühsame Arbeit ist das Los des Menschen, und ihr Ertrag ist karg, »Dornen und Disteln«, und am Ende steht der Tod. Ist das Pessimismus? Ist es nicht vielmehr, gerade am Ende *dieses* Jahrhunderts, wie eine Befreiung von allem ideologischen Fortschrittswahn?

Der Verlust der Freundschaft mit Gott zieht den Verlust der Vertrautheit mit der »Erde«, der Welt nach sich. Die Erde wird dem Menschen fremd, ja Feind. Und er trägt seine innere Unversöhntheit hinein in die Welt, zwingt der Natur seinen kranken, rebellischen Willen auf, und wird dabei zum Zerstörer der Erde, die er

»bebauen und bewahren« hätte sollen (Gen 2, 15). Doch zugleich wird er zum Beherrschten: die Natur, die er zu beherrschen meint, rächt sich, wird zu seiner Bedrohung. Er wird immer »den kürzeren ziehen«, am Ende steht unerbitterlich der Tod.

Steht es mit der Kultur nicht besser ? Hat die Menschheit nicht Gewaltiges geleistet in der knappen Zeit der uns bekannten Geschichte? Preisen wir nicht zu Recht die Leistungen der Wissenschaft, der Kunst, der Kultur der letzten zwei oder drei Jahrtausende? Und doch: auch hier sind, nüchtern und ohne Fortschrittsideologie betrachtet, die »Dornen und Disteln« schrecklich. Wie viel Elend steht hinter allen Kulturleistungen? Keines der menschlichen Werke ist frei von Schatten. Wer kann das Elend der Sklaven ermessen, die die Pyramiden gebaut haben? Wer denkt an die zahllosen Toten des Archipel Gulag, die der »Aufbau des Sozialismus« gekostet hat? Aber auch in Friedenszeiten: für wie viele Menschen ist die tägliche Arbeit wirklich »die Erfüllung ihres Menschseins«, die Entfaltung ihrer Persönlichkeit? Dornig ist der Alltag, mühsam der Kampf um den Arbeitsplatz, bitter und schwer zu ertragen der Verlust der Arbeit.

Und sind nicht auch die größten Werke der Kultur von Mühsal, Leid und Schuld durchzogen, bei aller Größe doch auch hinfällig? So herrlich der Petersdom ist, die Wunde der Reformation, der Glaubensspaltung ist in dieses Werk mit eingegangen und trübt die Freude an seiner Pracht. Wieviel Unvollendetes, Stückwerk, wieviel Gescheitertes neben dem Gelungenen und Vollendeten! Wieviel vergessene Mühe steckt in den Büchern, die ungelesen in den Bibliotheken stehen, wieviel nie bedankte Anstrengung im Engagement der unbeachteten Arbeiter, Beamten, Mütter!

Und doch ist in dem Arbeiten-Müssen auch ein Segen Gottes, ein »Protoevangelium«, das für alle Zeiten gültig bleibt. Papst Paul VI. sprach in Nazareth von dem »strengen, aber erlösenden Gesetz der Arbeit« (KKK 533). »Die Arbeit ist mit all dieser Mühe – und in gewissem Sinne vielleicht gerade aufgrund dieser Mühsal – eine

Wohltat für den Menschen ... Die Arbeit ist eine Wohltat für den Menschen – für sein Menschsein – weil er durch die Arbeit ... gewissermaßen ›mehr Mensch wird‹« (Johannes Paul II., Laborem exercens 9, 3). Fleiß und Arbeitsamkeit können daher Tugenden sein, die den Menschen zum Guten hin fördern.

Die Arbeit bringt Menschen zusammen, verbindet sie zu gemeinsamen Werken und baut so mit an der Gemeinschaft. Freilich erinnert uns die Lehre von der Erbsünde auch daran, daß dieses Mitbauen an der Gemeinschaft nicht einfach ein kontinuierlicher Fortschritt ist. Jede Generation, jeder einzelne muß sich neu dem Joch der Arbeit beugen, gegen Trägheit und Widerwillen kämpfen. Nie wird es ein »Paradies auf Erden« geben, in dem dieser Kampf mit sich selbst, dieses Kreuz der Mühe und Arbeit überwunden wären. Die Arbeit ist freilich auch nicht eine sinnlose Sisyphus-Qual. »Sie kann auch erlösend sein. Indem der Mensch in Vereinigung mit Jesus, dem Handwerker von Nazareth und dem Gekreuzigten von Golgotha, die Mühen der Arbeit auf sich nimmt, arbeitet er gewissermaßen mit dem Sohn Gottes an dessen Erlösungswerk mit« (KKK 2427).

2. Das Urteil, das Gott über die Frau spricht, lautet: »Viel Beschwerden will ich dir bereiten in deinen Schwangerschaften; unter Schmerzen sollst du Kinder gebären. Nach deinem Mann wird dein Verlangen gehen; er aber wird über dich herrschen« (Gen 3, 16).
Noch tiefer als im Bereich der Arbeit und der menschlichen Werke ist die erbsündliche Verstörung im Bereich der menschlichen Beziehungen von Mann und Frau. Mehr als anderswo ist *hier* die Erbsündenlehre notwendig, um die wahre Herkunft der Verstörung zu erahnen. Physiologie und Psychologie, Soziologie und Geschichte haben den Blick für viele Ursachen der Störungen im Verhältnis der Geschlechter geschärft. Die Wurzel liegt aber tiefer. Der »Kampf der Geschlechter« entspringt letztlich dem fortdauernden Trauma der Ursünde.

Die erste Untreue Gott gegenüber wirkt bleibend in die Beziehungen von Mann und Frau herein. Die wenigen Zeilen in der Genesis sind von unauslotbarer Tiefe und Lebenswahrheit: Die Ursünde führt nicht zur Solidarität der Sünder untereinander. Die Untreue gegen Gott führt zum *Verrat aneinander*. Statt sich schützend voreinander zu stellen, um der Versuchung zu widerstehen, ziehen sie sich gegenseitig hinein in die Sünde. Statt einer des anderen Last zu tragen, einander zur Reue zu führen und gemeinsam die Schuld zu bekennen, klagen sie sich gegenseitig an. »Immer wieder lassen Mann und Frau einander allein, und die beiden so eng Verbundenen können nebeneinander einsamer sein als Fremde«[4].

Verlangen und *Herrschen*, einander begehren und übereinander herrschen sind unlösbar ineinander verwoben. »So entsteht der rätselhafte Kampf der Geschlechter, bitter wie kein anderer, da in ihm der Haß ins Innerste des Verlangens, die Abweisung in die nächste Nähe eingewoben ist«[5].

Besonders drückend ist das Joch der Frau, auch dort, wo Medizin, Technik, modernes Leben die Situation der Frau äußerlich um vieles verbessert haben. Neue, subtilere Knechtschaften haben die alten verdrängt. Es wäre ein fataler Irrtum, zu glauben, kontinuierlicher Fortschritt werde allmählich alle Joche zerbrechen und die volle Befreiung bringen. Die Hoffnung liegt anderswo: in dem Joch selber, das Gott nicht nur zur Strafe, sondern zur Heilung und zum Heil Mann und Frau auferlegt hat.

Augustinus nennt die Ehe ein *remedium concupiscentiae*. In einer wohl etwas freien Interpretation kann dies so verstanden werden: Die erste Folge der Ursünde ist die Konkupiszenz, die »Neigung zum Bösen« (KKK 405). Sie zeigt sich vor allem als »leidenschaftliche Selbstbezogenheit«, die leicht den anderen zum eigenen Zweck macht. Das Joch der Ehe ist ein Heilmittel gegen die Selbstbezogenheit; es nötigt, den anderen *wahrzunehmen*, ihn *ernstzunehmen, anzunehmen*, und öffnet so das selbstverschlossene Herz auf den anderen hin. Das gilt nochmals in besonderer Weise von der Mutterschaft, vom Geschenk des Kindes, das die Eltern über sich selber hinauszuführen vermag.

Wie wahr ist es gerade für die Ehe durch all die Jahrhunderte, Jahrtausende der Menschheit, was das IV. Hochgebet sagt: »Voll Erbarmen hast du allen geholfen, dich zu suchen und zu finden«! Im alten liturgischen Brautsegen (heute Trauungssegen IV) heißt es von der Ehe: »Auf dieser Gemeinschaft ruht dein Segen, *den du trotz Schuld und Sünde der Menschen nicht widerrufen hast«*. Doch bedarf es der Geduld und der Kraft der Gnade, die tiefen Wunden zu heilen, die die Erbsünde im Verhältnis von Mann und Frau hinterläßt.

3. *Ein harter Kampf.* Man nennt Protoevangelium die Verheißungen Gottes im Fluch über die Schlange: »Feindschaft will ich setzen zwischen dir und der Frau, zwischen deinem Sproß und ihrem Sproß. Er wird dir den Kopf zertreten und du wirst ihn an der Ferse treffen« (Gen 3, 15).

Kampf, aber auch Sieg sind verheißen. Die Lehre von der Erbsünde macht uns bewußt, daß die Situation dramatisch ist, daß »die ganze Welt unter der Gewalt des Bösen steht« (1 Joh 5, 19). Das Konzil findet hier klare, eindringliche Worte: »Die ganze Geschichte der Menschheit durchzieht ein harter Kampf gegen die Mächte der Finsternis, ein Kampf, der schon am Anfang der Welt begann und nach dem Wort des Herrn bis zum letzten Tag andauern wird. Der einzelne Mensch muß, in diesen Streit hineingezogen, beständig kämpfen um seine Entscheidung für das Gute, und nur mit großer Anstrengung kann er in sich mit Gottes Gnadenhilfe seine eigene innere Einheit erreichen« (GS 37, 2; KKK 409).

Daß das Menschenleben ein Kampf ist, und daß das auch und in neuer Weise vom christlichen Leben gilt, haben wir heute zu sehr vergessen. Der hl. Augustinus schrieb ein Werk *De agone christiano* – über den christlichen Kampf. Nicht umsonst haben die Väter die griechische Lehre von den Kardinaltugenden übernommen, weil sie in Klugheit und Gerechtigkeit, Tapferkeit, Zucht und Maß Heilmittel gegen die Konkupiszenz sahen, die auch noch in den Getauften weiterwirkt. Gerade heute, da besonders in den ehemals kommunistischen Ländern, aber auch im reichen Westen die Verwüstungen im Leben der Menschen groß sind, gilt es, die *einfachen Tugenden* zu fördern, die allmählich wieder ein *menschliches* Leben aufzubauen vermögen. Wir sind heute wieder in einer ähnlichen Situation wie Paulus, der in einer heidnischen Umwelt den jungen Christen die elementaren *menschlichen* Tugenden nahelegen mußte. Sie sind der menschliche »Humus«, sie bilden das *Humanum*, auf dem sich das Leben der göttlichen Tugenden, das eigentlich *christliche* Leben entfalten kann: »Was immer wahrhaft, edel, recht, was lauter, liebenswert, ansprechend ist, was Tugend heißt und lobenswert ist, darauf seid bedacht« (Phil 4, 8; KKK 1803). Der wahre menschliche Fortschritt wird immer darin bestehen, diesen *Humus* echter Menschlichkeit zu pflegen, ihn vor der Erosion zu bewahren und dort, wo er zerstört wurde – wie in den Kriegen, den Ideologien, den menschenverachtenden Regimen unseres Jahrhunderts, wieder geduldig und mit dem Mut der Hoffnung neu zu bilden.

Dieser Kampf, der nie zu Ende sein wird, solange die Weltzeit dauert, ist »praeparatio Ecclesiae«, Sammlung der Menschen hin zum Guten, zur Gemeinschaft. Denn nur das Gute eint, die Sünde spaltet und trennt. Origenes sagt: »Wo Sünden sind, da ist Vielfalt, da sind Spaltungen, da Sekten, da Streitgespräche. Wo aber Tugend ist, da ist Einmütigkeit, da Einheit, weshalb alle Gläubigen eines Herzens und einer Seele waren« (In Ezech. hom. 9, 1; zit. KKK 817). *Christus* ist der verborgene Lenker und Meister in diesem Kampf, als der »magister interior«, der innere Lehrer der Herzen, das Licht, das alle Menschen erleuchtet (Joh 1, 9). So sammelt Er Sein Volk, bereitet er die Kirche vor.

Dritte Betrachtung
Der Noebund

»Immer wieder hast du den Menschen Deinen Bund angeboten ...«, so bekennen wir im IV. Eucharistischen Hochgebet.

Gott hat die Welt auf den Bund, auf die Kirche hin geschaffen. Der Bruch der Sünde hat Gottes Plan nicht zerstört, sondern nur die Wege zu seiner Verwirklichung geändert. Was die Sünde zerbricht und zerstreut, soll durch die Bünde Gottes mit den Menschen neu gesammelt werden, und diese »Sammelbewegung« ist die Kirche. Sie wird *vorbereitet im Alten Bund*, den wiederum der Noebund vorbereitet.

Gerade heute, da die Frage nach der Bedeutung der nichtchristlichen Religionen intensiv gestellt wird, ist die Betrachtung dieses *ersten, weitesten Bundes* von besonderer Wichtigkeit. *Hier* ist eine der Grundlagen für *die christliche Sicht der Religionen*, für ihre Bedeutung in der Heilsgeschichte. Aber auch die *»politische Theologie«* findet hier wichtige Orientierungspunkte, geht es doch um die Frage, was im Licht der Offenbarung das Streben nach politischer *Einheit der Menschheit* bedeutet, aber auch was die Vielfalt der Völker, Sprachen, Rassen und Stämme besagt. Alle diese gewichtigen Fragen können nur kurz angesprochen, der persönlichen Betrachtung anheimgestellt werden.

1. In der Betrachtung des »Protoevangeliums« zeigt sich bereits, was nun nocheinmal deutlicher hervortritt: Gott heilt die Wunden der Sünde *eben durch diese Wunden* hindurch. Die Mühsal der Arbeit wird zum Weg der *Sühne*, zum Heilmittel. Die Mühen der Schwangerschaft, die Leiden der Beziehungen von Mann und Frau wandelt Er zum »Heilmittel gegen die Begehrlichkeit«, gegen die erbsündliche Selbstbezogenheit. Die aus der Erbsünde folgende Anfälligkeit für das Böse, *die Neigung zum Bösen*, wird zum Feld der Bewährung im Kampf um das Gute (KKK 1264).

Im *Noebund* begegnen uns weitere Dimensionen des Unheils, das die Erbsünde verursacht hat, und deren Wandlung in Wege des Heils.

»Die Erde war vor Gott verderbt, und die Erde füllte sich mit Gewalttat« (Gen 6, 11). Die Beschreibung der Kaskade der Gewalt, von Kains Brudermord bis zu Lamechs siebenundsiebzigfacher Blutrache (Gen 4) hat nichts an Aktualität verloren. Mehr denn je herrschen Gewalttat und Mord, angefangen vom Krieg gegen die Schwächsten, die ungeborenen Kinder und die hilflosen Alten, bis hin zur Möglichkeit der kollektiven atomaren Selbstvernichtung der Menschheit.

Gottes Antwort wird durch die ganze Heilsgeschichte *die Erwählung eines Einzelnen,* beziehungsweise *einiger weniger sein,* um durch sie Heil und Segen *für alle* zu wirken. Ohne das Geheimnis der *Stellvertretung* ist der Sinn der Kirche nicht zu erfassen. Die Erwählung des gerechten Noach und der Seinen wird so zu einem Urbild der Kirche. Ausführlich haben die Väter und die Liturgie die *Arche* als Sinnbild der Kirche thematisiert, wovon noch die Rede sein wird.

Noach ist aber zuerst das Inbild *des gerechten Heiden.* Als solchen nennt ihn der Prophet Ezechiel, zusammen mit Hiob und dem sonst nicht genannten Danel (Ez 14, 14; KKK 58). Das Alte Testament kennt und verehrt solche große Gestalten aus den »Völkern«, den Heiden: Melchisedek, der König von Salem, zählt zu ihnen. Sie alle gehören zum *Noachbund,* der gewissermaßen als *der Raum der Religionen der Menschheit* gesehen werden kann. Indem die Kirche diese »heiligen Heiden« verehrt, spricht sie auch deren Kult und Gottesdienst eine gewisse Gültigkeit zu.

Noachs Opfer, dargebracht auf dem von ihm errichteten Altar, findet Gottes Wohlgefallen. Gott verheißt daraufhin, daß die kosmische Ordnung fortan Bestand haben wird: »So lange die Erde besteht, sollen nicht aufhören Aussaat und Ernte, Kälte und Hitze, Sommer und Winter, Tag und Nacht« (Gen 8, 22). Und Gott besiegelt seinen Bund mit der Menschheit und allem Leben durch das

Himmelszeichen des Regenbogens (Gen 9, 12-17). Diese Verbindung von Kult und kosmischer Ordnung besagt, daß in den Religionen der Menschheit echte Gottesverehrungen (*religio*) gelebt wird, auf die Gott mit seinen Wohltaten antwortet. Die Gestalt Melchisedeks bezeugt dies nochmals eindrücklich, wie auch die Opfer und die Gebete des Heiden Hiob. Wenn freilich der Religion der gerechten Heiden so hohe Würde zukommt, daß sie Vorbild Christi sein kann, so deshalb, weil in ihr Christus und Seine Gnade bereits verborgen wirken. Es kann daher nicht einfach um eine »Gleichwertigkeit« aller Religionen gehen, sondern darum, daß die *semina verbi*, »die Samenkörner des Wortes« (Vaticanum II, Ad Gentes 11) überall zu finden sind, wo Menschen wie Noach, Melchisedek, Hiob Gott gerecht dienen und treu verehren. Damit ist aber auch gesagt, daß die Religionen der Völker sich für oder gegen Christus entscheiden müssen, und daß seit dem Kommen Christi die Situation der Religionen eine neue geworden ist. »Die Zeiten der Unwissenheit« sind vorbei, sagt Paulus (Apg 17, 30). Gott »läßt jetzt den Menschen verkünden, daß überall alle umkehren sollen. Denn er hat einen Tag festgesetzt, an dem Er den Erdkreis in Gerechtigkeit richten wird, durch einen Mann, den Er dazu bestimmt und vor allen Menschen dadurch ausgewiesen hat, daß Er ihn von den Toten auferweckte« (Apg 17, 30-31).

Seitdem »die Fülle der Zeiten« gekommen ist, stehen die Religionen in der *Krisis*, und das Lachen der Athener über die Auferstehung der Toten ist bereits Zeichen dieses Gerichts. Der »Dialog mit den Religionen« kann nicht davon absehen, daß »das Ende der Zeiten bereits zu uns gekommen ist« (Vaticanum II, LG 48, 3). So sehr es wahr ist, daß »die Katholische Kirche nichts von alledem ablehnt, was in diesen Religionen wahr und heilig ist« (Vaticanum II, Nostra Aetate 2, 2), so ernst ist die Frage, wieweit die religiöse Situation heute nicht zuinnerst vom Ja und Nein zu Christus bestimmt ist. Besonders bedrängend ist diese Frage dem Islam gegenüber, der – auch durch die Sünden und Spaltungen der Christen mitbedingt – ein so entschiedenes Nein gegen die Gottessohn-schaft, das Kreuz und die Auferstehung Jesu spricht.

Umso drängender ist der Auftrag des Herrn, *alle Völker* zu Sei-*nen* Jüngern zu machen (Mt 28, 19), umso brennender muß das Feuer des Heiligen Geistes in den Jüngern Jesu sein: »Caritas Chri-sti urget nos« – »Die Liebe Christi drängt uns« (2 Kor 5, 14).

2. Noch ein zweites gilt es im Zusammenhang mit dem Noachbund zu thematisieren: *die Bedeutung der Vielfalt der Völker, Sprachen, Rassen im Heilsplan Gottes.* Ist es nicht eigenartig, daß der Herr den Aposteln den Auftrag gibt, »alle *Völker* zu Jüngern« zu machen (Mt 28, 19)? Es genügt nicht, dies als Ausdruck für »alle Menschen« zu deuten, auch wenn es das mitbedeutet. Die Offenbarung des Johannes bezeichnet Christus als den »König *der Völker*« (Offb 15, 3) und verheißt: »Alle *Völker* werden kommen und vor dir anbeten« (Offb 15, 4). Was bedeutet dies für die Kirche, die in ihrer Vollendung eine unzählbare Schar »aus allen *Nationen* und *Stäm-men, Völkern* und *Sprachen*« (Offb 7, 9) sein wird und es in gewisser Weise jetzt schon ist? Werden die Gerechten einfach aus der Masse der Völker einzeln »herausgerettet« werden? Wieso aber heißt es dann, daß im Jüngsten Gericht sich »*alle Völker*« vor dem Men-schensohn versammeln werden (Mt 25, 32) und daß im himmli-schen Jerusalem »*die Völker* in Seinem Licht wandeln« und ihre Schätze in die Stadt Gottes hineintragen werden (Offb 21, 24-26)? Was bedeuten *die Völker* und ihre Schätze – also ihre Kulturen, Sprachen, Erfahrungen – für die Kirche, die »Sammelbewegung« Gottes?

Die große »Völkertafel« in Gen 10 bezeugt, daß die vielen Völ-ker der Erde einen *gemeinsamen Ursprung* haben, daß sie wirklich *eine* Familie bilden. Doch der Bruch der Sünde sollte auch diese Einheit sprengen: der Turmbau von Babel (in Gen 11) wird als der Versuch der gefallenen Menschheit gesehen, *selber* die Einheit her-zustellen, die *eigene* Macht zu demonstrieren und zu steigern, ohne

Gott und gegen Gott (KKK 398). Die Zerstreuung der Menschheit über die ganze Erde, die Verwirrung der Sprachen ist *die Strafe Gottes* für die Hybris der Menschen.

Das heißt aber: die Menschen können gar nicht *von sich aus* die Einheit wieder herstellen, die Trennung der Sprachen und Völker rückgängig machen und wo sie es versuchen, wird daraus ein totalitärer Staat, bis hin zur immer wieder versuchten Weltherrschaft[6]. Gottes Strafe ist freilich auch heilsam. *Kein Mensch wird von Gott seiner gefallenen Natur überlassen.* Die Strafe der Zerstreuung, der *Diaspora* der Völker, ist zugleich *Weg der Heilung, Möglichkeit der Heiligung.* Gottes ursprünglicher Plan, die Menschheit zu seiner Familie zu machen, bedient sich nun der Solidarität der Völker und Sprachen, der Nationen und Stämme, *um Seine Kirche vorzubereiten.* Paulus spricht am Areopag davon: »Er hat aus einem einzigen Menschen das ganze Menschengeschlecht erschaffen, damit es die ganze Erde bewohne. Er hat für sie bestimmte Zeiten und die Grenzen ihrer Wohnsitze festgesetzt. Sie sollten Gott suchen, ob sie ihn ertasten und finden könnten, denn keinem von uns ist er fern« (Apg 17, 26-27).

Es ist freilich eine provisorische Ökonomie. Kein Volk, keine Kultur, keine Sprache hat die Zusage erhalten, für ewig Bestand zu haben außer *dem auserwählten Volk,* das Gott sich selber zum Eigentum erwählt hat.

Was macht *das Eigene der Völker,* der Nationen aus? Weder Sprache noch Kultur noch Territorium alleine bestimmen, so wichtig sie sind, das Eigene der Völker. Am ehesten wird man sagen: *das gemeinsame Geschick, die gemeinsame Geschichte* sind maßgebend. Daß es sich hier um mehr als eine bloß empirisch faßbare Wirklichkeit handelt, deutet die Heilige Schrift an, wenn sie die Völker dem Schutz je eigener *Engel* anvertraut sein läßt (KKK 57) und wenn sie von den Reichtümern und Kostbarkeiten, von dem Erbe der Völker spricht, die in das Volk Gottes eingebracht werden sollen (Jes 60, 7-11; Hag 2, 7; Offb 21, 24-26).

Die Tugend der Vaterlandsliebe, die Bereitschaft, der Heimat zu dienen, die Liebe zur Kultur und Sprache des eigenen Volkes: all das ist *praeparatio Ecclesiae* und hat in der Kirche Platz (KKK 2239; 2310).

Doch haben die Völker nicht nur ihre Schutzengel, sondern auch ihre Dämonen. Nationaler Stolz, Verachtung der »Barbaren«, Xenophobie, Vergötzung der eigenen Macht: unser Jahrhundert hat die Dämonie der gottlosen Nation unverhüllt geschaut!

Zu leicht vergessen wir, daß unsere Länder der alten Christenheit durch Jahrhunderte »exorziert« worden sind, daß sie, als Gemeinschaften und in ihren einzelnen Gliedern, durch viele Generationen den Weg der Umkehr, der Buße und Bekehrung, der Gnade und Heiligung gegangen sind. Antonius hat jahrzehntelang in den Gräbern Ägyptens gegen die Dämonen einer »Kultur des Todes« gekämpft. Wieviel christlichen Lebens und Sterbens bedurfte es, um unsere Länder mit dem Geist des Evangeliums zu tränken, aus dem sie heute noch leben! Und sind die Staatsidolatrien unseres Jahrhunderts nicht die Rückkehr der vertriebenen Dämonen in das gesäuberte Haus, sodaß es am Ende schlimmer ist als vorher, als in heidnischer Zeit (vgl. Mt 12, 44-45)?

Die Kirche kann sich nie mit *einer* Nation identifizieren, sie ist nicht Nationalkirche. Und doch gibt es das unverwechselbar eigene Gepräge der Kirche *in* den verschiedenen Nationen. Nie kommt dies schöner, leuchtender zum Ausdruck als in *den Heiligen.* Wer könnte französischer sein als eine kleine Theresia, englischer als Thomas Morus, spanischer als Ignatius, italienischer als Katherina und Franziskus? Und doch ist keiner von ihnen *nur* »Nationalheiliger«, und jeder Versuch, Heilige für den Nationalismus zu mißbrauchen – wie etwa Jeanne d`Arc-, verfehlt deren Gestalt völlig.

Ein Volk findet erst dann seine Identität, wenn es zu Christus findet. Er hat vom Vater »die Völker zum Erbe« erhalten (Ps 2, 8). Wenn Er durch die Evangelisierung in ein Volk kommt (»Macht *alle* Völker zu meinen Jüngern«), dann kommt Er »in Sein Eigentum« (Joh 1, 11). Denn lange bevor das Evangelium verkündet wird, hat der Herr bereits begonnen, sich ein Volk zu bereiten. *Seine Gnade ist den Boten des Evangeliums bereits zuvorgekommen.* Eindrucksvoll bezeugt dies die Vision, in der der Herr dem Apostel Paulus zu Beginn seiner Mission in Korinth sagt: »Fürchte dich nicht, rede nur, schweige nicht! Denn ich bin mit dir, niemand wird dir etwas antun. *Viel Volk nämlich gehört mir* in dieser Stadt« (Apg 18, 9-10).

Vierte Betrachtung
Der Alte Bund

Wir betreten heiligen Boden (vgl. Ex 3, 5). Die Frage nach der Bedeutung Israels, des Alten Bundes, der Tora, der Verheißungen, für das Verständnis der Kirche führt in das Herz, in die Mitte des Geheimnisses der Kirche.

Was bedeutet der Alte Bund für die Kirche? Was meint das Konzil, wenn es sagt, die Kirche sei »in der Geschichte des Volkes Israel und im Alten Bund *auf wunderbare Weise (mirabiliter)* vorbereitet« worden (LG 2; KKK 759)? Ist Israels Rolle mit dem Kommen Christi vorbei? Bleibt es auf geheimnisvolle Weise weiterhin *Vorbereitung* der Kirche? Hat es seine Bedeutung »nur« in diesem *Vorbereiten* und nicht auch in sich selber?

Alle diese Fragen sind keineswegs theologische Spielereien, akademisches Spiegelfechten. Sie sind Lebensfragen Israels wie der Kirche, sie sind mit einer drückenden Last der Geschichte befrachtet. Zu tief sind die Wunden der Jahrhunderte, zu groß auch die Last der Schuld, als daß über diese Frage aus ruhiger, neutraler Distanz gesprochen werden könnte. Und noch einmal gewichtiger ist diese Frage in Rom, wo Petrus und Paulus, die Apostel des Herrn gewirkt haben, Juden in der jüdischen Gemeinde Roms. Nach Rom hat Paulus die Seiten geschrieben, die wie keine anderen das Geheimnis Israels und der Kirche thematisieren, die Kapitel 9 bis 11 seines Briefes »an alle in Rom, die von Gott geliebt sind, die berufenen Heiligen«, deren »Glaube in der ganzen Welt verkündet wird« (Röm 1, 7-8).

Wie vieles gäbe es über die Geschichte der Juden im christlich gewordenen Rom zu sagen, dunkle wie helle Seiten einer belasteten Geschichte: Etwa die Gestalt des aus der jüdischen Familie der Pierleoni stammenden Papstes Anaklet II., der nur als Gegenpapst in die Geschichte eingegangen ist. Gertrud von Le Fort hat ihm 1930 einen Roman gewidmet. »Der Papst aus dem Ghetto« gehört zum Tiefsten, was in diesem so blutigen Jahrhundert über das Geheimnis Israels und die Kirche geschrieben wurde.

Papst Pius XII. wäre zu nennen und alles, was er, der Vielgeschmähte, für die Juden getan hat.

Nie kann ich an der Großen Synagoge vorbeigehen ohne an Israël Zolli zu denken, den Großrabbiner von Rom, dem an Jom Kippur des Jahres 1944, als er vor dem Toraschrein stand, Christus der Herr erschienen ist, ihm und auch seiner Frau, und der aus Dankbarkeit gegenüber dem Papst Pacelli bei seiner Taufe den Namen Eugenio annahm.

Und wie nicht des denkwürdigen Besuches des Heiligen Vaters in eben dieser Großen Synagoge am 13. April 1986 gedenken?

Wenn wir diesen heiligen Boden betreten, dann *berühren* wir nicht nur das Mysterium Christi mit Israël und der Kirche, dann *umgibt* es uns von allen Seiten!

Beginnen wir unsere Betrachtung mit dem Abschnitt des Katechismus, der von der Erwählung Israels handelt: »Um die versprengte Menschheit wieder zur Einheit zusammenzuführen, erwählt Gott Abram und ruft ihn aus seinem Land, von seiner Verwandtschaft und aus seinem Vaterhaus, um ihn zu Abraham, das heißt zum ›Stammvater einer Menge von Völkern‹ (Gen 17, 5) zu machen: ›In dir sollen gesegnet werden alle Völker der Erde‹ (Gen 12, 3 LXX)« (KKK 59).

In Abrahams Berufung ist Gottes großer Plan leitend: die Menschen zu Seiner Familie zu sammeln. Wo *einer* zum Schaden aller versagt hat, soll *einer* zum *Segen* für alle werden:

»Das aus Abraham hervorgegangene Volk wird zum Träger der den Patriarchen gemachten Verheißung, zum auserwählten Volk, das dazu berufen ist, die Sammlung aller Kinder Gottes in der Einheit der Kirche vorzubereiten. Dieses Volk wird zum Wurzelstock, dem die gläubig gewordenen Heiden eingepfropft werden« (KKK 60).

Und weiter im Katechismus:

»In der Zeit nach den Patriarchen machte Gott Israel zu seinem Volk. Er befreite es aus der Sklaverei in Ägypten, schloß mit ihm den Sinaibund und gab ihm durch Mose sein Gesetz, damit es ihn als den einzigen, lebendigen und wahren Gott, den fürsorglichen Vater und gerechten Richter anerkenne, ihm diene und den verheißenen Erlöser erwarte« (KKK 62).

Und schließlich:

»Israel ist das priesterliche Volk Gottes, über dem ›der Name des Herrn ... ausgerufen ist‹ (Dtn 28,10). Es ist das Volk derer, ›zu denen Gott zuerst gesprochen hat‹ (MR, Karfreitag, Große Fürbitten), das Volk der älteren Brüder‹ im Glauben Abrahams« (KKK 63).

Im Entwurfstext des Katechismus, dem sogenannten »Projet révisé«, das alle Bischöfe zur Begutachtung erhielten, stand ursprünglich: » Israël ist *keine Nation,* sondern das priesterliche Volk Gottes«. Schwere Proteste wegen dieses Satzes, besonders aus Israel! Das Mißverständnis war komplett! Der Satz wurde als Aussage der katholischen Kirche über den heutigen Staat Israel mißverstanden. Diesem werde abgesprochen, eine Nation, ein Staat unter Staaten zu sein. In Wirklichkeit ging es um eine klare *positive* Aussage über *die Erwählung* des Volkes Israel. Es ist nicht eines der Völker, eine der Nationen, sondern Gottes Eigentumsvolk; es ist nicht ein bestehendes Volk, das Gott unter anderen ausgesucht und privilegiert hätte, sondern Gott selber ist sein *Schöpfer* (Jes 43,15), *Er* hat es zu *Seinem* Volk gemacht, es hat durch *Seine* Wahl Bestand.

Doch nun das Rätselhafte: Ist Israël ethnisch ein Volk, eine Rasse? Man wird das schwerlich sagen können, weder in der Antike (vgl. Apg 2, 5-11) noch heute. Was Israels Identität ausmacht, ist seine priesterliche Berufung, Segen zu sein und zu segnen: »Ihr sollt mir als ein Reich von Priestern und als ein heiliges Volk gehören« (Ex 19, 6). Israel ist vor allem »Volksversammlung« vor Gott, *kahal* – eben jene Wirklichkeit, die die Septuaginta mit *ekklesia* übersetzen wird: *Kirche.*

Gewiß ist Israel auch Volk im Sinne der gemeinsamen Abstammung: die Nachkommenschaft Abrahams, bis heute. Doch gibt es diese Nachkommenschaft nur, weil Gott selber sie *geschenkt* und weil Abraham *geglaubt hat.*

Israels *konkrete* Existenz, von Isaak und Jakob angefangen, ist ständig neu der Erweis einer unfaßbaren *Treue Gottes.* Niemals könnte ein so kleines Volk aus sich alleine, aus seiner bloßen ethnischen Identität heraus, diese Beständigkeit haben: »Er nimmt sich seines Knechtes Israël an und denkt an sein Erbarmen, das er unseren Vätern verheißen hat, Abraham und *seinen Nachkommen auf ewig*« (Lk 1, 54-55).

Diese Treue Gottes ist freilich nicht einseitig, sie steht mit der Glaubenstreue Abrahams im Bunde: »Weil du das getan hast und deinen einzigen Sohn mir nicht vorenthalten hast, will ich dir Segen schenken in Fülle und deine Nachkommen zahlreich machen wie die Sterne am Himmel und den Sand am Meeresstrand ... Segnen sollen sich mit deinen Nachkommen alle Völker der Erde, weil du auf meine Stimme gehört hast« (Gen 22, 16-18).

Keine Untreue Israels, keine Sünde des Volkes, selbst nicht die Verkennung, die Ablehnung Jesu des Messias, wird je die Treue Gottes zu »Abraham und seinen Nachkommen auf ewig« zerstören können. So wird Paulus der Gemeinde in Rom schreiben: »Von ihrer Erwählung her gesehen sind sie von Gott geliebt, und das um der Väter willen. Denn unwiderruflich sind Gnade und Berufung, die Gott gewährt« (Röm 11, 28-29). Zweimal fragt Paulus, um umso entscheidender zu antworten: »Ich frage also: Hat Gott sein Volk verstoßen? Keineswegs!« (Röm 11,1). »Nun frage ich: sind sie etwa gestrauchelt, damit sie zu Fall kommen? Keineswegs!« (Röm 11,11).

Was aber bedeutet das für die Kirche? Ein tiefes Umdenken, ja eine wahre Umkehr hat sich hier angebahnt, sicher auch unter dem unauslöschlichen Eindruck der Schoah, die uns bewußt macht, daß der tödliche Haß gegen Israël im Innersten auch der Kirche, ja dem Gott Israëls, dem Vater unseres Herrn Jesus Christus galt.

Vieles wäre zu nennen. Wenigstens drei Themenbereiche seien erwähnt, in denen ein Umdenken notwendig und zum Teil schon im Gange ist. Der Katechismus weist hierzu den Weg.

1. Christus kann nicht losgelöst von Seiner Herkunft gefunden werden. Der Katechismus zeigt das in der Betrachtung zum Epiphaniefest (KKK 528). Die Weisen aus dem Morgenland (Mt 2, 1-12) stellen die »Kirche aus den Heiden« dar. Sie zeigen den bleibend gültigen Weg der Heiden zu Christus, bis heute.[7] Der Katechismus sagt: »Daß die Weisen nach Jerusalem kommen, ›um dem König der Juden zu huldigen‹ (Mt 2, 2), zeigt, daß sie im messianischen Licht des Davidsterns in Israel nach dem suchen, der der König der Völker sein wird. Ihr Kommen bedeutet, daß die Heiden nur dann Jesus entdecken und ihn als Sohn Gottes und Heiland der Welt anbeten können, wenn sie sich an die Juden wenden und von ihnen die messianische Verheißung empfangen, wie sie im Alten Testament enthalten ist. Die Epiphanie bekundet, daß ›alle Heiden in die Familie der Patriarchen eintreten‹ (Leo d. Gr.) und die ›israelitica dignitas‹ – die Würde Israels – erhalten sollen (Osternacht, Gebet nach der 3. Lesung)« (KKK 528).

Ein erstes sei an diesem besonders dichten Text hervorgehoben: Die alte Verheißung, daß die Völker kommen und Gott in Israël, auf dem Zion anbeten werden, erfüllt sich. Von Anfang an zeigt sich die Sendung Jesu, diese Verheißung zu erfüllen, freilich nicht im Tempel, auf dem Zion, sondern *in Seiner Person*: »Er vereinte die beiden« (Eph 2, 14).

Die Religion der Heiden, die Weltreligionen »können zum Stern werden, der die Menschen auf den Weg bringt, sie auf die Suche nach dem Königtum Gottes führt. Der Stern der Religionen zeigt auf Jerusalem, er erlischt und geht neu auf im Wort Gottes, in der Heiligen Schrift Israels. Das darin verwahrte Gotteswort erweist sich als der wahre Stern, ohne den und an dem vorbei das Ziel nicht zu finden ist«[8].

Was bedeutet das? Daß die Heiden, die Völker, die Religionen Christus nur finden, und somit *Kirche* nur werden können, wenn sie in die Verheißungen Israels eintreten, wenn die Geschichte Israels *ihre* Geschichte wird. »Das Heil kommt von den Juden« (Joh 4, 22). Es gibt keinen Zugang zu Jesus und damit kein Eintreten in das Volk Gottes ohne das gläubige Annehmen der Offenbarung Gottes, die in den Heiligen Schriften des Alten Testaments spricht.

Das Alte Testament ist und bleibt die große Katechese Gottes auf Christus hin. Deshalb kann und darf das Alte Testament nicht durch Schriften der Religionen ersetzt werden. Den Schwierigkeiten mit dem Alten Testament dürfen wir auch nicht dadurch aus dem Weg gehen, daß wir einfach seine Lesung aus der Liturgie streichen, sondern indem wir es im Licht Christi lesen und lieben lernen und auslegen. Ein Karthäuser-Laienbruder hat mir einmal gesagt: » Das Alte Testament ist die Liebesgeschichte Gottes«[9].

2. Der zweite Punkt betrifft eben diese Frage der rechten Lektüre des Alten Testaments, bzw. die Frage des Verhältnisses von Altem und Neuem Testament. Der Katechismus sieht in der *Typologie* einen privilegierten Ausdruck für diese Einheit. Es geht hier nicht um *eine* exegetische Methode unter *anderen*, sondern um eine zutiefst theologische Sicht der Heilsgeschichte. Typologie ist nicht eine Methode, *Texte* zu deuten, sondern eine bestimmte Sicht der *Ereignisse* der Heilsgeschichte. Sie geht davon aus, daß Gottes

Heilsplan *einer* ist, und daß die Ereignisse des alten Bundes die des Neuen Bundes vorausbedeuten, »Vorformen« dessen sind, »was Gott dann in der Fülle der Zeit in der Person seines menschgewordenen Wortes vollbracht hat« (KKK 128). Wie die Arche Noach und die Seinen rettet, so und noch mehr rettet jetzt die Taufe (vgl. 1 Petr 3, 21).

Das ist keine Abwertung des Alten Bundes, wie immer wieder behauptet wird: »Zum Beispiel verlieren die Berufung der Patriarchen und der Auszug aus Ägypten nicht dadurch ihren Eigenwert im Plan Gottes, daß sie darin auch Zwischenstufen sind « (KKK 130). Viel mehr bedeutet Typologie »das Hindrängen des göttlichen Plans auf seine Erfüllung« (KKK 130).

Das bedeutet aber auch: niemals kann die Kirche sich vom Alten Testament lossagen. Sie müßte *Gott selber* verleugnen, denn Er ist der Gott Abrahams, Isaaks und Jakobs, ein Gott von *Lebenden*, nicht von Toten (Mk 12, 26-27).

3. Ein besonders wunder Punkt ist das Verhältnis von Gesetz und Evangelium. Wenn die Kirche im Alten Bund *wunderbar* vorbereitet wird, in welchem Sinn bereitet dann *das Gesetz* auf *das Evangelium* vor? Entgegen einer heute weit verbreiteten Sicht, Gesetz und Evangelium als Antinomie zu sehen, sieht der Katechismus sie im Verhältnis von Verheißung und Erfüllung: »Die Bergpredigt schafft die sittlichen Vorschriften des alten Gesetzes keineswegs ab und setzt sie nicht außer Kraft, sondern offenbart die in ihnen verborgenen Möglichkeiten und läßt aus ihm neue Forderungen hervorgehen; das neue Gesetz offenbart die ganze göttliche und menschliche Wahrheit des alten Gesetztes. Es fügt ihm nicht neue äußere Vorschriften hinzu, sondern erneuert das Herz, die Wurzel der Handlungen« (KKK 1968).

Hier gilt es, in der Linie des Katechismus, der in der großen Katholischen Tradition steht, zu bedenken und *zu betrachten*, warum und wie Jesus das Gesetz vollkommen erfüllt. Die Jüdische

Tradition kennt ein eigenes Fest »*der Freude über die Thora*«. Wie eine Braut wird die Thora in den Arm genommen, mit ihr in der Synagoge getanzt.[10] Die Freude am Gesetz Gottes ist deshalb so groß, weil es Gottes eigenstem Willen, Seinem Herzen entspringt. Nach einer jüdischen Tradition ist *jener Anfang*, in dem Gott Himmel und Erde schuf, die *Thora*: Sie ist Gottes Herzensplan, nach dem er die Welt erschaffen und den er Seinem Volk geoffenbart hat. Deshalb gibt es kein größeres Glück als Gottes Gesetz ganz treu zu sein. Jesus wird sogar sagen, daß dies *Seine Speise* ist (Joh 4, 34).

All das bleibt hier nur Skizze, Andeutung. Das Entscheidende ahnen wir, wenn wir nochmals zu dem eingangs Gesagten zurückkehren: zu der geheimnisvollen Begegnung Israël Zolli`s in der großen Synagoge von Rom mit Jesus Christus: sie geschah, als der Rabbiner vor dem *Thoraschrein* stand. Ist nicht Er, Christus, »die Erfüllung des Gesetzes«? Ist nicht Er *der Anfang*, in dem, durch den, auf den hin Gott alles geschaffen hat und in dem sich Gottes Plan verwirklichen wird: die Kirche?

Gegenüber der Großen Synagoge, am Lungotevere dei Pierleoni, steht eine kleine Kirche, San Gregorio; über dem Eingang eine Inschrift in hebräischer und lateinischer Sprache. Sie ruft die Juden zur Bekehrung auf. *Hier* wurden jahrhundertelang (von der Zeit Pius V. bis zu Pius IX.) *die Judenpredigten* gehalten, zu deren Anhörung die Judenschaft verpflichtet war. Ist es jetzt nicht für uns Zeit zu einer Bekehrung? Diese Kirche am Eingang zum Ghetto ist Zeuge einer langen Leidensgeschichte des von Gott geliebten, erwählten Volkes. Vielleicht ahnen wir heute tiefer, daß das Wort des Konzils, *die Kirche* sei im Alten Bund und in der Geschichte des Volkes Israel *mirabiliter praeparata* auch heute noch gilt, vermittelt durch die bleibende Gegenwart des Volkes Israël, bis der Herr selber die Kirche vollendet.

Kapitel III

Die Kirche –
in den letzten Zeiten gestiftet

Erste Betrachtung
Und das Wort ist Fleisch geworden

»›Als die Zeit erfüllt war, sandte Gott seinen Sohn, geboren von einer Frau und dem Gesetz unterstellt, damit er die freikaufe, die unter dem Gesetz stehen, und damit wir die Sohnschaft erlangen‹ (Gal 4, 4-5). Das ist die ›Frohbotschaft von Jesus Christus, dem Sohn Gottes‹ (Mk 1, 1): Gott hat sein Volk besucht; er hat die Verheißungen erfüllt, die er Abraham und seinen Nachkommen gegeben hatte; er hat weit mehr getan, als man je erwarten durfte: er hat seinen ›geliebten Sohn‹ (Mk 1, 11) gesandt« (KKK 422). Mit diesen Worten beginnt der Katechismus das Kapitel uber Jesus Christus.

Wenn es wahr ist, daß »sich das Geheimnis des Menschen nur im Geheimnis des fleischgewordenen Wortes wahrhaft aufklärt« (Vaticanum II, GS 22, 1), dann gilt das umso mehr vom Geheimnis der Kirche! All ihr Licht kommt von Christus. Mit dieser Gewißheit beginnt der erste Satz der Kirchenkonstitution des Konzils: »Lumen gentium cum sit Christus ...« »Christus ist das Licht der Völker. Darum ist es der dringende Wunsch dieser im Heiligen Geist versammelten Heiligen Synode, alle Menschen durch seine Herrlichkeit, *die auf dem Antlitz der Kirche widerscheint,* zu erleuchten, in dem sie das Evangelium allen Geschöpfen verkündet (vgl. Mk 16, 15)« (Vataticanum II, LG 1).

Christus ist die Mitte, Er ist die Sonne der Gerechtigkeit, die Kirche hat nur *Sein* Licht, wie der Mond nur das Licht der Sonne widerstrahlen kann, nach einem bei den Vätern oft gebrauchten Vergleich[1]. Das ist ihre Situation in der Zeit ihrer Pilgerschaft, in der sie sich sehnt, »permanere cum Sole« (Ps 71, 5 in Augustins

Deutung), bei Christus, der Sonne, zu bleiben und alle Mühen der Pilgerschaft zu verlassen.

Wenn wir die heutige Kirchensituation betrachten, so stellt sich uns die besorgte Frage, ob der erste Satz von Lumen Gentium wirklich genügend realisiert wurde. Wird die Kirche wirklich genügend von Christus her und auf Ihn hin gesehen, in ihrem *Sein in Ihm*? Wird nicht zu viel von der Kirche geredet? Hat sich die Kirche zu viel mit sich selber befaßt? Kardinal Ratzinger hat diese Diagnose bereits auf der Außerordentlichen Synode 1985 gestellt[2] . Je mehr die Kirche ihr Antlitz Christus zuwendet, desto mehr wird Sein Licht sie erleuchten, wird sie in ihrer Schönheit aufblühen.

Ein anderes Phänomen ist Grund zur Sorge: Immer häufiger fällt die Abwesenheit Christi aus der kirchlichen Sprache auf. Ganze Pastoralprogramme mit Planspielen, Aktionsmodellen, Richtlinien, ohne den Namen Christi auch nur einmal zu nennen. Manche fordern ausdrücklich, es solle weniger von Christus, mehr von Gott gesprochen werden, damit das Trennende zu den anderen monotheistischen Religionen nicht zu sehr hervortrete. Vorbereitet wurde dieser Trend durch lange Jahre der schleichenden Aushöhlung des Glaubens an die wahre Gottheit Christi und damit an die wahre Menschwerdung des Sohnes Gottes. Was aber *Kirche* in ihrem innersten Wesen ist, empfängt sie ganz von Christus. Dem Geheimnis der Kirche nähern wir uns durch das Tor der Weihnacht. Freilich gilt auch umgekehrt: den Weg zur Krippe, zum »Zelt Gottes unter den Menschen«, finden wir nur in der Weggemeinschaft des Glaubens: »Niemand kann Gott zum Vater haben, der die Kirche nicht zur Mutter hat«, sagt der hl. Cyprian (KKK 181).

Tatsächlich sind Christus und die Kirche eins. Der Katechismus zitiert die wunderbare, einfache und klare Antwort der hl. Jeanne d`Arc, der ihre Richter-Theologen suggerieren wollten, daß sie vielleicht Christus, aber nicht der Kirche treu sei: »Von Jesus und der Kirche denke ich, *daß das alles eins ist* und daß man daraus kein Problem machen soll« (KKK 795).

So sei dieses Kapitel unserer Betrachtungen Christus und der Kirche gewidmet.

Kehren wir zum Ausgangstext zurück, mit dem der Katechismus das Christusbekenntnis einleitet: »Als die Zeit erfüllt war, *sandte Gott seinen Sohn*, geboren von einer Frau und dem Gesetz unterstellt, damit er die freikaufe, die unter dem Gesetz stehen, und damit wir die Sohnschaft erlangen« (Gal 4, 4-5).

In diesem zentralen Christusbekenntnis des hl. Paulus finden wir die Elemente für die vier Betrachtungen dieses Kapitels:

1. »Gott sandte Seinen Sohn, geboren von der Frau«: das Mysterium der Menschwerdung sei unser erstes Thema.

2. Die Sendung des Sohnes soll uns die *Sohnschaft* schenken. Von der konkreten Gestalt der Sohnschaft handelt die zweite Betrachtung: von den Mysterien Jesu.

3. Die Sendung Jesu zielt auf ein »wir«, auf Gemeinschaft, auf Kirche hin. Wenn wir das »Super hanc petram« aus Mt 16, 18 betrachten, dann im Blick auf diese Stiftung der Ekklesia als Gemeinschaft.

4. Schließlich geht es um den »Freikauf« derer, die unter dem Gesetz stehen, um die Erlösung; »Ecclesia ex latere Christi« wird das Thema sein: die Geburt der Kirche »aus der Seite Christi«.

An den hohen Festtagen werden in vielen Kirchen meiner Heimat, auch im Stephansdom, sogenannte »Orchestermessen« gespielt und gesungen. Es gibt keine, ob Mozart oder Haydn, Schubert oder Bruckner, die nicht beim »Et incarnatus est« des Credo besonders innig und zart würde, als wollte die Musik selber *niederknien* und *anbeten*: »Venite, adoremus!«

Jetzt, da wir uns dem Jubeljahr der Inkarnation nähern, sollen auch unsere Gedanken und Gebete *niederknien* und das Geheimnis der Weihnacht *anbeten*. Vielleicht wird es möglich sein, aus Anlaß des Jubeljahres wieder den Gestus der Kniebeuge im Credo beim »et incarnatus est« allgemein einzuführen. Im Katechismus steht

der schöne »Kurztext« (KKK 563), der von einem – hier ungenann-
ten – geistlichen Meister unseres Jahrhunderts stammt: »Ob einer
nun Hirte oder Sterndeuter ist, er kann auf Erden nicht zu Gott
kommen, es sei denn, er kniet vor der Krippe Bethlehems nieder
und betet ihn als den in der Schwäche eines Kindes Verborgenen
an.«[3]

Anbetend niederknien muß zuerst *die Vernunft*, vereint mit
dem Willen, mit dem ganzen Herzen: Was für eine Zumutung an
die Vernunft! Weder mit dem Gottsein Gottes noch mit dem
Menschsein des Menschen sei die Gottmenschlichkeit Jesu ver-
einbar: So argumentierte vor einigen Jahren eine Gruppe englischer Theologen.[4] Es handle sich hier um mythische Rede. Und
diese beanspruche nicht, reale historische Wahrheiten zu sagen.
Mythisch ist dann auch die Rede von der jungfräulichen Empfäng-
nis Jesu. Mythisch auch das leere Grab und die wahre Leiblichkeit
des Auferstandenen. Wie soll dann aber die Kirche als gottmensch-
liches Geheimnis real sein?

Wenige Jahre nach Ostern singen Christen einen Hymnus –
Paulus überliefert ihn im Brief an die Philipper –, in dem Christus
nicht nur als präexistent in Gottesgestalt und als in Knechtsgestalt,
uns gleich, bis zum Tod gehorsam, angebetet wird, sondern ausdrücklich ihm *die kniebeugende Anbetung* aller Geschöpfe im Himmel, auf der Erde und unter der Erde zugesprochen wird, mit Worten, die sich im Alten Testament, bei Jesaia (Jes 45, 23),
ausdrücklich auf *Gott* beziehen. *Das* bleibt *das große* Hindernis, der
Stein des Anstoßes für die gläubigen Juden wie die Moslems.

Der Dominikaner-Exeget jüdischer Herkunft, P. François
Dreyfus, schreibt dazu: »Man muß selber den geistlichen Weg des
hl. Paulus erlebt haben, um die *enorme* Schwierigkeit zu ermessen,
die für einen orthodoxen Juden der Glaube an das Mysterium der
Inkarnation darstellt ... Nur im Nachhinein, im Licht des Glaubens, entdeckt man, daß die Dreifaltigkeit und die Inkarnation
nicht zum monothéistischen Dogma Israels in Gegensatz stehen«[5].

»Glaubt an Gott und glaubt an mich« (Joh 14, 1): Welcher Mensch kann solches von sich sagen, es sei denn im Wahn der Hybris? Welcher Mensch kann von seiner Rede sagen: »Himmel und Erde werden vergehen, aber meine Worte werden nicht vergehen« (Mt 24, 35)? Angesichts Seiner Heiligkeit erkennt Petrus sich als Sünder und fällt anbetend nieder (Lk 5, 8); vor ihm fällt der Blindgeborene nieder und bekennt seinen Glauben (Joh 9, 38). Anbetung spricht auch aus dem Namen, den ihm die Jünger geben: *der Herr* (KKK 446-451). Untrennbar sind der Glaube an den einen Gott, den Vater, und der Glaube an den einen Herrn, Jesus Christus (1 Kor 8, 6).

»Der Glaube an die tatsächliche Menschwerdung des Sohnes Gottes ist das entscheidende Kennzeichen des christlichen Glaubens« (KKK 463).

Nur im anbetenden Glauben kann die suchende Vernunft das Licht empfangen, in dem das Geheimnis der Menschwerdung zu strahlen, einzuleuchten beginnt. Dann aber bekommt es seine wunderbare Leuchtkraft, das alle menschlichen und göttlichen Dinge erhellt: das Geheimnis des Menschen und das Geheimnis der Kirche.

Zwei Texte des Konzils thematisieren in besonderer Weise die »gottmenschliche« Konstitution der Kirche. Der erste im zweiten Artikel der Liturgiekonstitution. In der Liturgie komme das Mysterium Christi und »das eigentliche Wesen der wahren Kirche« zum Ausdruck, »der es eigen ist, zugleich göttlich und menschlich zu sein, sichtbar und mit unsichtbaren Gütern ausgestattet, voll Eifer der Tätigkeit hingegeben und doch frei für die Beschauung, in der Welt zugegen und doch unterwegs; und zwar so, daß dabei das Menschliche auf das Göttliche hingeordnet und ihm untergeordnet ist, das Sichtbare auf das Unsichtbare, die Tätigkeit auf die Beschauung, das Gegenwärtige auf die zukünftige Stadt, die wir suchen« (SC 2; KKK 771).

Der zweite Text ist von höchster Bedeutung. Er gehört zu den Kernaussagen des II. Vaticanums über das Geheimnis der Kirche.

Dieser subtil gebaute Text umreißt mit vier Begriffspaaren die Weite der Spannungsbögen die die *eine* Kirche des »einzigen Mittlers Christus« bilden: Die heilige Kirche ist zugleich »*die Gemeinschaft* des Glaubens, der Hoffnung und der Liebe« und das von Christus hier auf Erden verfaßte und von Íhm getragene »*sichtbare Gefüge*«; sie ist zugleich »mit hierarchischen Organen ausgestattete Gesellschaft« und »geheimnisvoller Leib Christi«; sie ist zugleich »sichtbare Versammlung« und »geistliche Gemeinschaft«, sie ist schließlich »die irdische Kirche« und »die mit himmlischen Gaben beschenkte Kirche«.

Und nun die conclusio: diese Paare sind »nicht als zwei verschiedene Größen zu betrachten, sondern bilden eine einzige komplexe Wirklichkeit, die aus menschlichem und göttlichem Element zusammenwächst« (LG 8; KKK 771).

Behutsam formuliert das Konzil weiter: »Deshalb ist die Kirche *in einer nicht unbedeutenden Analogie* dem Mysterium des fleischgewordenen Wortes ähnlich. Wie nämlich die angenommene Natur dem göttlichen Wort *als lebendiges*, ihm unlöslich geeintes *Heilsorgan* dient, so dient auf eine ganz ähnliche Weise das gesellschaftliche Gefüge der Kirche dem Geist Christi, der es belebt, zum Wachstum seines Leibes« (LG 8).

Die Menschheit Christi ist, nach einem Bild, das die Väter und der hl. Thomas oft gebrauchen, das »lebendige Heilsorgan« der Gottheit Christi. Im langen Ringen der ersten Jahrhunderte um das rechte Christusbekenntnis haben die Konzilien festgehalten, daß »in Christus die menschliche Natur angenommen wurde, ohne dabei verschlungen zu werden« (GS 22, 2). Die Menschheit Christi ist nicht ein passives Instrument; Christus hat eine menschliche Seele, Verstand und Willen, er hat *ein menschliches Herz*: »Er hat uns alle mit einem menschlichen Herzen geliebt« (KKK 478).

Analog dazu die Kirche: nicht passives Instrument, sondern vom Heiligen Geist belebtes »gesellschaftliches Gefüge«, mit all den menschlichen Gaben ihrer Glieder, mit allem menschlichen

Mitwirkenden des einzelnen und der Gemeinschaften, doch so, daß es »dem Geist Christi dient zum Wachstum seines Leibes« (LG 8, 1). Christus trägt die Kirche »unablässig«, gerade auch als *dieses sichtbare Gefüge*. Aber anders als Christus selber muß die Kirche noch *hinwachsen* zu Ihm, muß »immerfort den Weg der Buße und Erneuerung gehen« (LG 8, 3). Er ist vollendet, sie »schreitet [noch] zwischen den Verfolgungen der Welt und den Tröstungen Gottes auf ihrem Pilgerweg dahin« (Augustinus, in LG 8, 4), und doch trägt sie alle Seine Herrlichkeit schon in sich als Seine geliebte Braut; »*nigra sum sed formosa*« – »Schwarz bin ich, doch schön, ihr Töchter Jerusalems« (Hld 1, 5).

Der hl. Bernhard legt dies aus: »O Niedrigkeit, o Hoheit! O Zelt von Kedar und Heiligtum Gottes, irdische Wohnung und himmlischer Palast, Haus aus Lehm und Halle des Königs, Leib des Todes und Tempel des Lichtes, Abscheu der Stolzen und Braut Christi! Schwarz ist sie, doch schön, ihr Töchter Jerusalems ... Wenn euch vor der Schwarzen schaudert, so blickt auch mit Bewunderung auf die Schöne (si horretis nigram, miramini et formosam)« (KKK 771). Was die Braut ist, verdankt sie ganz dem Bräutigam. Ihr Geheimnis gründet in Seinem. Das Tor zu Seinem Geheimnis aber ist *die Weihnacht: Et Verbum caro factum est.* Wenn wir dieses Geheimnis unermüdlich anbeten, wächst in uns der Sinn für das Geheimnis der Kirche. *Die Kniebeuge* beim »et incarnatus est de Spiritu Sancto ex Maria Virgine et homo factus est« möge uns dabei helfen.

Zweite Betrachtung
Die Geheimnisse des Lebens Jesu

In »Catechesi tradendae« steht: »Im Kern der Katechese finden wir wesentlich eine Person vor, nämlich Jesus von Nazareth, einziger Sohn vom Vater ... Katechisieren heißt ... in der Person Christi den gesamten ewigen Plan Gottes aufzuzeigen, der sich in ihr [in Christus] erfüllt« (zitiert in KKK 426). Doch wäre das noch zu *äußerlich*. Es geht nicht nur um ein *Wissen* um Jesus, ein *Darstellen* Jesu, sondern ein Mitteilen Seines Lebens, eine Lebenskommunikation mit Ihm. Deshalb sagt Catechesi tradendae weiter: »Ziel der Katechese ist es, Menschen in *Lebenseinheit* mit Jesus Christus zu bringen; Er allein kann zur Liebe des Vaters im Heiligen Geist hinführen und uns *Anteil am Leben der Heiligsten Dreifaltigkeit* geben« (zitiert in KKK 426).

Sinn und Ziel der Kirche ist diese *Lebensgemeinschaft* mit dem Dreifaltigen Gott. Daher ist die Frage, ob Jesus die Kirche gestiftet und somit gewollt hat, nicht *zuerst* damit zu beantworten, daß wir sozusagen »Stiftungsakte« benennen und historische Gründungsvorgänge angeben können. Die historische Frage nach der Kirchengründung ist wichtig, es soll ihr nicht ausgewichen werden. *Vorrang* aber hat die Frage, *wie* Christus sein Leben mitteilt, an seinem Leben Anteil gibt: das ist die eigentliche »Kirchengründung« Jesu.

Und wieder sind wir, um auf diese Frage zu antworten, zuerst auf das Geheimnis der *Inkarnation* verwiesen. In der Pastoralkonstitution »Gaudium est Spes« steht ein Satz, den der Heilige Vater oft zitiert. Es ist ein Schlüsselsatz, von größter Tragweite: »Denn er, der Sohn Gottes, hat sich in seiner Menschwerdung gewissermaßen mit jedem Menschen vereinigt« (GS 22, 2; KKK 521).

Die Menschwerdung des ewigen Sohnes ist die grundlegende Lebensmitteilung des Sohnes an die Menschheit. Freilich geschieht diese nicht wie ein Automatismus, wie manche Kritiker dieser bei den Vätern häufigen Sichtweise befürchten.

Worin besteht aber die »Lebensmitteilung« Christi? Worin jene »Lebenseinheit«, die Catechesi tradendae als Ziel der Katechese nennt? Der 2. Petrusbrief spricht davon, daß wir »Anteil erhalten an der göttlichen Natur« (2 Petr 1, 4), und die Kirchenväter haben, im Anschluß daran, von der *Vergöttlichung* des Menschen gesprochen. Der Katechismus (KKK 460) faßt diese Lehre zusammen mit Worten des hl. Irenäus, Athanasius und Thomas v. A.: »Dazu ist das Wort Gottes Mensch geworden und der Sohn Gottes zum Menschensohn, damit der Mensch das Wort in sich aufnehmen und, an Kindesstatt angenommen, zum Sohn Gottes werde« (Irenäus). »Das Wort Gottes wurde Mensch, damit wir vergöttlicht würden« (Athanasius). »Weil uns der eingeborene Sohn Gottes Anteil an seiner Gottheit geben wollte, nahm er unsere Natur an, wurde Mensch, um die Menschen göttlich zu machen« (Thomas v. A.).

Was aber heißt das konkret: »die Menschen göttlich machen«? Es kann ja nicht darum gehen, daß unser Menschsein »verschlungen« würde in Gott. Jesus *ist* wahrer Gott *und* wahrer Mensch. Der hl. Maximus sagt uns: göttliches Menschsein, Vergöttlichung heißt nicht, daß unser Mensch*sein* gewandelt wird, sondern daß die *Weise* unseres Menschseins *erneuert* wird. »Vergöttlicht« ist Jesu Menschsein nicht durch eine Aufhebung seines Menschseins, sondern durch seine *neue Weise*, Mensch zu sein: daß Er in allem, was Er tut und redet und *ist, Sohn* ist. Sein Menschsein ist von der Wurzel her »sohnhaft«, nicht »knechthaft« (Maximus Confessor, Mystagogie 24, PG 91, 712 AB).

Das Konzil hat, in Gaudium et Spes, direkt im Anschluß an das oben zitierte Wort, *diese neue Weise des Menschseins* klassisch formuliert: »Mit Menschenhänden hat Er [der Sohn Gottes] gearbeitet, mit menschlichem Geist gedacht, mit einem menschlichen Willen hat er gehandelt, *mit einem menschlichen Herzen geliebt*« (GS 22, 2).

Der Sohn Gottes liebt mit einem Menschenherzen. Die ewige Liebe des Sohnes prägt er seinem menschlichen Herzen ein. Er ist *als Mensch* »der geliebte Sohn« des ewigen Vaters. Anteil am Leben des Dreifaltigen Gottes erhalten wir, wenn wir teilhaben dürfen an Jesu *Menschsein*. Unser Platz im Herzen der Allerheiligsten Dreifaltigkeit ist es, an Seiner Sohnschaft Anteil zu erhalten, Söhne im Sohn zu werden. Dazu haben wir »den Geist Seines Sohnes in unser Herz« erhalten, »den Geist, der ruft: Abba, Vater« (Gal 4, 6).

Kirche werden heißt daher im Tiefsten: An Jesu Sohnschaft Anteil zu erhalten. »Bilde unser Herz nach deinem Herzen« – diese Bitte erhofft von Gott ein »sohnschaftliches« (filiale) Herz. »Bilde unser Leben nach deinem Leben« – so können wir beten, wenn wir das Wachsen der Kirche erbitten. Kirche werden heißt, daß »Christus in euch Gestalt annimmt« (Gal 4, 19).

Wie aber soll das geschehen? Durch unsere Teilnahme *an den Mysterien des Lebens Jesu.*

Es ist bekannt, daß der Katechismus das Leben Jesu nicht in der Weise einer historisch-kritischen Rekonstruktion darstellt, sondern in der Perspektive der »Mysterien des Lebens Jesu«, in der die Kirchenväter, aber auch die geistlichen Meister der Neuzeit, vom hl. Ignatius angefangen über die Ecole Française bis hin zu Dom Columba Marmion, das Leben Jesu gelesen und gedeutet haben. Es ist auch die Sichtweise, die die Liturgie selber uns nahelegt, feiern wir doch in den Herrenfesten und in den Ereignissen des Lebens Jesu immer auch unsere *Teilnahme* an diesen Geheimnissen. Jesu Leben soll unseres werden, Er in uns und wir in Ihm.

Der Katechismus formuliert einige Grundzüge, die den Mysterien Jesu gemeinsam sind, und einige Wege, wie wir an ihnen teilhaben können.

Zuerst: was verstehen wir unter »Mysterien Jesu«? Eine bestimmte Sichtweise des Lebens Jesu: Er ist wahrer Gott und wahrer Mensch. Wer Sein Leben in diesem Glauben betrachtet, sieht darin überall »die Spuren seines innersten Geheimnisses«: »Im Leben Jesu ist alles – von den Windeln bei seiner Geburt bis zum Essig bei seinem Leiden und zum Grabtuch bei seiner Auferstehung – Zeichen seines innersten Geheimnisses … Sein Menschsein erscheint so als das ›Sakrament‹, das heißt als Zeichen und Werkzeug seiner Gottheit und des Heils, das er bringt: Was in Seinem Leben zu sehen war, verweist auf das unsichtbare Mysterium seiner Gottessohnschaft und seines Erlösungsauftrags« (KKK

515). »Mysterien des Lebens Jesu« – das heißt, daß Sein ganzes Leben »sacramentum salutis« ist. Der Katechismus entfaltet drei Grundzüge dieser »Sakramentalität« des Lebens Jesu:

1. » Das ganze Leben Jesu *ist Offenbarung* des Vaters: seine Worte und Taten, Sein Schweigen und sein Leiden, seine Art, zu sein und zu sprechen« (KKK 516). Deshalb ist es so wichtig, das Leben Jesu *genau zu betrachten*, sich von den kleinsten Hinweisen, von den Szenen, den Gesten und Worten Jesu »imprägnieren« zu lassen. Alles im Leben Jesu wird so zur Erfüllung Seines Wortes: »Wer mich gesehen hat, hat den Vater gesehen« (Joh 14, 9).

Das setzt freilich voraus, daß wir mit dem Konzil zuversichtlich bekennen: »Unsere heilige Mutter, die Kirche ... hält daran fest, daß die vier Evangelien, *deren Geschichtlichkeit sie ohne Bedenken bejaht, zuverlässig überliefern, was Jesus, der Sohn Gottes, in seinem Leben unter den Menschen zu deren ewigem Heil wirklich getan und gelehrt hat*« (Vaticanum II, Dei Verbum 19).

Nur so ist es möglich, jene »Anwendung der Sinne«, jene »Komposition des Ortes« in der Betrachtung zu praktizieren, die der hl. Ignatius für die Exerzitien empfiehlt (Ex. 47). Es wurde zurecht darauf hingewiesen, daß diese intensive, sinnenfreudige Betrachtung der Szenen des Lebens Jesu einen ständigen, fruchtbaren Impuls für die christliche Kunst bedeutet hat, die nicht müde wurde – die Ermüdung trat erst in unserem »kritischen« Jahrhundert ein-, sich über das Leben Jesu zu beugen, es zu betrachten.[6] Das tiefe Mißtrauen gegen die historische Zuverlässigkeit der Evangelien, das seit 200 Jahren gewachsen ist, hindert diese lebendige Betrachtung. Andererseits hat gerade die historische Kritik unser *anschauliches Wissen* über Jesu Zeit und Raum, über die jüdischen Wurzeln seiner Gesten und Worte enorm bereichert. Ist es nicht, als sei *Er* uns durch die Kritik hindurch heute lebendiger, persönlicher, gegenwärtiger, ich wage zu sagen: inkarnierter?

2. »Das ganze Leben Jesu ist *Erlösungsgeheimnis.* Die Erlösung wird uns vor allem durch das am Kreuz vergossene Blut zuteil, aber dieses Mysterium ist im ganzen Leben Jesu am Werk« (KKK 517). Seine Armut, sein Gehorsam, sein Hunger und Durst, seine Tränen über den Freund, seine Nächte des Gebetes, sein Mitleid mit den Menschen, *alles* in seinem Leben hat erlösende Kraft. Deshalb erlöst und heilt auch die Gemeinschaft mit seinem Leben. Deshalb heilt Er durch die Kirche.

3. »Das ganze Leben Christi ist ein Mysterium der *erneuerten Zusammenfassung von allen unter ein Haupt.* Alles, was Jesus getan, gesagt und gelitten hat, war dazu bestimmt, den gefallenen Menschen wieder in seine ursprüngliche Berufung zu versetzen« (KKK 518). Der hl. Thomas hat diesen Gedanken in seiner Lehre von der *gratia capitis* entfaltet: In allem, was Christus lebt und wirkt, ist *Er* das Haupt der neuen Menschheit: »Er ist das Haupt des Leibes, der Leib aber ist die Kirche« (Kol 1, 18).

Damit berühren wir aber bereits die weiteren Darlegungen des Katechismus: *Wie* wird *Jesu* Leben zu *unserem?* Wie können wir daran Anteil erhalten?

In der Enzyklika »Redemptor hominis« sagt der Heilige Vater, »der ganze Reichtum Christi solle jedem Menschen zur Verfügung stehen und zum Besitz jedes einzelnen werden« (KKK 519).

Drei Wege nennt der Katechismus, auf denen Christus Sein Leben zu unserem machen will: in dem Er Sein Leben *für uns, vor uns* und *in uns* lebt;

1. »Christus hat sein Leben nicht für sich gelebt, sondern *für uns* – von seiner Fleischwerdung ›für uns Menschen und zu unserem Heil‹ bis zu seinem Tod ›für unsere Sünden‹ (Kor 15, 3) und seiner Auferstehung ›wegen unserer Gerechtmachung‹ (Röm 4, 25). Auch jetzt noch ist er unser ›Beistand beim Vater‹ (1 Joh 2, 1), ›denn er lebt allzeit, um für uns einzutreten‹ (Hebr 7, 25)« (KKK 519).

Der einzige Grund dieser »*Proexistenz*« Christi, wie Heinz Schürmann sie nennt, ist *Seine Liebe*. Der hl. Johannes vom Kreuz, in Seinem »Gebet der in Liebe entbrannten Seele«, übertreibt nicht, wenn er aus diesem *pro me* folgert: »Die Himmel sind mein und die Erde ist mein; mein sind die Völker, die Gerechten sind mein und mein die Sünder; die Engel sind mein und die Mutter Gottes und alle Dinge sind mein, und Gott selber ist mein und für mich, weil Christus mein ist und ganz für mich«[7] .

Das ist kein Ausdruck einer individualistischen Frömmigkeit, sondern *das* Fundament der Kirche: *Christus – unser Leben!*

2. »In seinem ganzen Leben erweist sich Jesus als *unser Vorbild*« (KKK 520). Inkarnation heißt: *Sichtbarkeit* des Heils, greifbar, hörbar, sehbar geworden im Leben, Leiden und Sterben Jesu. Deshalb gehört zum Leben der Kirche auch immer die *konkrete* Nachfolge Christi. Deshalb bedarf die Kirche auch immer *der Heiligen*, in denen Christus »anschaulich« wird. In der *imitatio Christi* bekommen wir Anteil an Seinem Leben: »Ich habe euch ein Beispiel gegeben, damit auch ihr so handelt, wie ich an euch gehandelt habe« (Joh 13, 15).

Damit Außen und Innen übereinstimmen, muß Christi Leben *ganz* unser Leben werden:

3. »Alles, was Christus gelebt hat, läßt er uns in Ihm leben, und lebt es in uns ... Wir wollen mit ihm eines Wesens werden; Er läßt uns als die Glieder Seines Leibes an dem teilnehmen, was Er in seinem Fleisch *für uns* und als unser Vorbild gelebt hat« (KKK 521).

Im Folgenden entfaltet der Katechismus ein wenig diese Schau der Mysterien des verborgenen und des öffentlichen Lebens Jesu (KKK 522-667), ja man kann sagen, der ganze weitere Katechismus ist die Entfaltung dieser Sichtweise: Die Liturgie und die Sakramente der Kirche sind ja die lebendige Fortsetzung dessen, was Jesus »ein für allemal« (Hebr 10, 10) für uns getan hat: »Die Mysterien des Lebens Jesu sind die Grundlage für das, was Christus nun durch die Diener seiner Kirche in den Sakramenten spendet, denn

was an unserem Erlöser sichtbar war, ist in seine Mysterien überge-
gangen« (Leo der Große)« (KKK 1115). Auch der dritte Teil des
Katechismus zeigt schon in seinem Titel »*Das Leben in Christus*«, in
welcher Perspektive die christliche Sittlichkeit gesehen wird. Der
hl. Jean Eudes konkretisiert die Worte des hl. Johannes vom Kreuz:
Wenn Christus ganz mein ist, dann sind auch *Sein* Herz, *Sein* Geist,
Leib, Seele, alle *Seine* Fähigkeiten *mein. Ich* soll sie gebrauchen *für*
Ihn, *mit* Ihm. Beim Lesen des Moralteils des Katechismus möge
diese Perspektive nicht übersehen werden: »Ich bitte dich, denk
daran, daß unser Herr Jesus Christus dein Haupt ist und daß du
eines seiner Glieder bist. Er ist für dich, was das Haupt für die Glieder bedeutet. Alles, was sein ist, ist auch dein: Geist, Herz, Leib,
Seele und alle Fähigkeiten. Du sollst die gebrauchen, als gehörten
sie dir, um Gott zu dienen, zu loben, zu lieben und zu verherrli-
chen. Du bist für Christus, was ein Glied für das Haupt ist. Darum
wünscht er dringend, alle deine Fähigkeiten, als seien es die seinen,
in Dienst zu nehmen, um dem Vater zu dienen und ihn zu verherr-
lichen« (S. Jean Eudes) (KKK 1698).

Dritte Betrachtung
Und auf diesem Felsen ...

Die Kirche ist untrennbar beides: *Geistliche Gemeinschaft* und
sichtbares Gefüge, hier auf Erden verfaßt. Das sichtbare Gefüge, das
zugleich geistliche Gemeinschaft ist, hat *eine konkrete Geschichte*,
die wiederum eine ganz bestimmte Vorgeschichte hat. »Der Herr
Jesus machte den Anfang seiner Kirche, indem er frohe Botschaft
verkündigte, die Ankunft nämlich des Reiches Gottes, das von alters
her in den Schriften verheißen war« (Vaticanum II, LG 5; KKK 763).

»Der Keim und Beginn dieses Reiches ist die ›kleine Herde‹ (Lk
12, 32) derer, die Jesus um sich versammelt hat und deren Hirt er
selber ist. Sie bilden die wahre Familie Jesu« (KKK 764).

Dieser Gemeinschaft gibt Jesus selber eine Lebensregel, eine gewisse Ordnung, einen Auftrag.

Er selber ist zweifellos ihr Mittelpunkt: *Sein* Wort, *Seine* Weisung, vor allem *Seine Person.* Was nie ein Rabbi für sich beansprucht hat, das ist bei Jesus der Ausgangspunkt seiner Gemeinschaft: »Du folge *mir* nach« (Mk 1,17; 2, 14). Im Kreis der Rabbinerschüler steht die Thora im Mittelpunkt, hier Jesus. Die Thoraschüler suchen sich selber ihren Lehrer und Meister, hier gilt: »Nicht ihr habt mich erwählt, sondern ich habe euch erwählt und dazu bestimmt, daß ihr euch aufmacht und Frucht bringt und daß eure Frucht bleibt« (Joh 15, 16).

Jesus selber lehrt seine »Familie«, seinen Jüngerkreis eine neue Weise zu leben und zu handeln (vgl. Mt 5-6). Er gibt ihnen ein neues, eigenes Gebet, das Vaterunser (Lk 11, 2-4).

Von Seinem Auftrag, die verlorenen Schafe des Hauses Israel zu sammeln (Mt 15, 24), von Seiner Sendung, »das verlorene Schaf« zu suchen (Lk 15, 4-7), spricht Jesus in Bildern und Gleichnissen, die alle so etwas wie eine »implizite Ekklesiologie« enthalten: etwa das Bild von der Hochzeit, von Gottes Pflanzung, vom Fischernetz (Mk 2, 19; Mt 13, 24. 47). Was Jesus in Bildern und Gleichnissen ankündigt, beginnt bereits ganz konkret in der Gemeinschaft, die Er um sich sammelt. Der Katechismus sagt: »Der Herr Jesus gab Seiner Gemeinschaft *eine Struktur,* die bis zur Vollendung des Reiches bleiben wird. An erster Stelle steht die Wahl der Zwölf mit Petrus als ihrem Haupt. Sie repräsentieren die zwölf Stämme Israëls und sind somit die Grundsteine des neuen Jerusalem« (KKK 765).

Baut die Kirche nun auf dem Amt auf? Ist sie nicht viel mehr *Lebensgemeinschaft* mit Christus? Welche Rolle kommt der »Struktur« zu? Der Katechismus dazu: »Die Gemeinschaft der Menschen mit Gott durch ›die Liebe, die niemals aufhört‹ (1 Kor 13, 8), *ist das Ziel,* das all das bestimmt, was in der Kirche an diese Welt gebundenes sakramentales *Mittel* ist (vgl. LG 48). Ihre hierarchische Struktur ›ist ganz für die Heiligkeit der Glieder Christi bestimmt. Die Heiligkeit wird aber an dem ›tiefen Geheimnis‹ gemessen, in dem die Braut mit der Hingabe der Liebe die Hingabe des Bräutigams erwidert‹ (Mulieris Dignitatem 27). Als Braut ›ohne Flecken und Falten‹ (Eph 5, 27) geht *Maria* uns allen auf dem Weg *der Heiligkeit, die das Mysterium der Kirche ausmacht,* voran. ›In diesem Sinne geht die marianische Dimension der Kirche der Petrusdimension voraus‹ (Mulieris Dignitatem 27)« (KKK 773).

Die Unterscheidung ist hilfreich. Die Hierarchie gehört, wie die ganze sakramentale und institutionelle Ordnung der Kirche, zur *Ordnung der Mittel.* Ziel aller Mittel ist und soll allein sein *die Heiligkeit,* »die das Mysterium der Kirche ausmacht«. Deshalb ist *Maria* der Inbegriff dessen, was Kirche in ihrem *Wesen* ist. Daher auch der so wichtige, freilich oft mißverstandene *Wesensunterschied* zwischen allgemeinen und hierarchischem Priestertum (LG 10): das eine ist in der Ordnung des Zieles, das neue Leben in Christus, die Wiedergeburt aus Wasser und Heiligem Geist. Das Weihepriestertum gehört zu den Mitteln, die der Herr Seiner Kirche auf dieses Ziel hin gegeben hat.

Sakrament Jesu Christi, also Mittel und Werkzeug zu sein, »Knechte Jesu Christi«, das ist der Auftrag des Amtes in der Kirche. Doch wie die Kirche als ganze (in LG 8) als »lebendiges Heilsorgan« Christi bezeichnet wurde, so gilt auch von denen, die Christus in seinen Dienst gerufen hat, daß sie *lebendige* Instrumente sein sollen.

Die konkreten Menschen, die Jesus in seine Nachfolge ruft, und die er in Seiner souveränen Freiheit auswählt (»und er rief zu sich *die Er wollte*«: Mk 3,13), »*macht* er zu Zwölf« (Mk 3,14), in Seiner *schöpferischen Vollmacht,* in der er auch der Schöpfer Israëls, ja der Schöpfer der Welt ist. Gerufen werden sie, nicht um einen neutralen Dienst zu tun, sondern um immer tiefer hineingezogen zu werden in eine völlige Schicksalsgemeinschaft mit Christus. Markus sagt, Jesus habe sie gerufen und zu Zwölfen gemacht, »*damit sie mit Ihm seien*« (Mk 3,14). *Hier* wachsen sie hinein in *beide* Dimensionen ihres künftigen Aposteldienstes: Kirche als *Gemeinschaft mit Ihm* zu sein, und zugleich *Beauftragte*, Gesandte in seiner Vollmacht, »damit sie mit Ihm seien und Er sie *sende* zu verkündigen und Vollmacht zu haben, die Dämonen auszutreiben« (Mk 3,14). Ihr Aposteldienst soll ganz getragen sein von diesem »*Mit-Ihm-Sein*«. So wird es ja auch Seine Verheißung am Ende, in Galiläa, sein, am Anfang ihrer weltweiten Mission: »Und siehe, *ich bin bei euch* alle Tage bis zum Ende der Welt« (Mt 28,20).

Der Weg der Jünger, die einmal die Apostel sein werden, mit Jesus, ihr Sein-mit-Ihm, ist daher *untrennbar* beides: *sichtbares Amt* mit Vollmacht und Auftrag, und zugleich, davon unterschieden und doch niemals zu trennen, die *geistliche Gemeinschaft* in Glaube, Hoffnung und Liebe mit Christus. So spiegelt sich im Amt das Geheimnis der Kirche wider.

Es erweckt immer neu Staunen und Bewunderung, mit welcher Ehrlichkeit und Wahrhaftigkeit die Evangelien davon berichten, daß die Jünger in der Schule des Meisters keine »Musterschüler« waren. Ist es nicht eines der stärksten Argumente für die historische Glaubwürdigkeit der Evangelien, daß so offen, so ungeschminkt vom Versagen, vom Nicht-Verstehen der Apostel berichtet wird? Und welcher Hirtenspiegel für *uns*, die wir in ihrer Nachfolge stehen! Vom äußeren »*Mit-Jesus-Sein*« des Anfangs bis zum »*In-Christus-Sein*« des hl. Paulus ist ein langer Weg.

Die »Jüngerschule« Jesu, sozusagen Seine »scuola di Communità«, ist ein unerschöpflicher Betrachtungsstoff. Ich möchte dazu einige Anregungen geben: Besonders der Evangelist Markus vermerkt die »Halsstarrigkeit« der Jünger. Sie betrifft vor allem *den Mangel an Glauben, den Mangel am »amor pastoralis« und den Streit um Rang und Würden.* Die Versuchungen der Hirten sind bis heute dieselben geblieben.

1. Die Szene in Mk 6, 30-44 sei als erstes Beispiel genannt. Jesus lädt die Jünger ein, im Boot mit ihm in eine einsame Gegend zu fahren

und ein wenig auszuruhen. Die Scharen haben sie entdeckt und eilen am Land voraus. »Als er ausstieg und die vielen Menschen sah, hatte er Mitleid mit ihnen, denn sie *waren wie Schafe, die keinen Hirten haben.* Und Er lehrt sie lange« (Mk 6, 34). Jesu Hirtenliebe zieht die Scharen an, Sein Hirtenherz schaut nicht auf seine eigene Ruhe, sondern auf die hirtenlosen Schafe. Im Kontrast dazu stehen die Jünger: »Gegen Abend kamen seine Jünger zu ihm und sagten: Der Ort ist abgelegen, und es ist schon spät. *Schick die Leute weg*, damit sie in die umliegenden Gehöfte und Dörfer gehen und sich etwas zu essen kaufen können« (Mk 6, 35-36). *Schick die Leute weg!* Was wie Sorge um die Menschen aussieht, ist Sorge um die eigene Ruhe, Angst vor Komplikationen, und selbst wenn es auch um echte Sorge um die Menschen geht, so ist sie noch nicht durch die Schule Jesu gegangen: »Gebt ihr ihnen zu essen!« (6, 37). Diese beiden Worte müssen uns schmerzen: »Schick die Leute weg – gebt *ihr* ihnen zu essen!« Sie sind Elemente unserer Gewissenserforschung. Gerade im spontanen Charakter dieser Reaktion der Apostel wird deutlich, wie wenig der Sinn Christi bisher ihr Sinnen und Trachten durchformt hat.

2. In einer anderen Szene scheinen sich die Rollen umgekehrt zu haben: Jesus wirkt hart und unbarmherzig, die Jünger dagegen voll Mitgefühl. Jesus ist im heidnischen Gebiet von Tyrus und Sidon. Eine heidnische Frau kommt, ruft: »Hab Erbarmen mit mir, Herr, du Sohn Davids! Meine Tochter wird von einem Dämon gequält. Jesus aber gab ihr keine Antwort« (Mt 15, 21-23). Jesus erscheint hart und abweisend. Anders die Jünger: »Sie traten zu ihm und baten: Befrei sie von ihrer Sorge, denn sie schreit hinter uns her« (15, 23). Sie bitten Jesus um Hilfe für die arme Frau. Freilich, im Nebensatz verraten sie ihr eigentliches Motiv: »denn sie schreit *hinter uns* her«. Es ist *ihnen* peinlich, die Szene mit der schreienden Frau, die keine Ruhe gibt, und das in einer fremden, heidnischen Gegend. Jesu Verhalten wird scheinbar noch härter: ohne die Frau

zu betrachten, sagt er: »Ich bin nur zu den verlorenen Schafen des Hauses Israel gesandt« (Mt 15, 24). Ob peinlich oder nicht – diese Frau ist nicht in seinem »Kompetenzbereich«. Und nochmals scheint sich Jesu Härte zu steigern: »Doch die Frau kam, fiel vor ihm nieder und sagte: Herr, hilf mir! Er erwiderte: Es ist nicht recht, das Brot den Kindern wegzunehmen und den Hunden vorzuwerfen« (15, 25-26). Härter geht es nicht mehr: die Frau wird als »Heidenhündin« abgewiesen. Doch da kommt es zum »Durchbruch«, zur Wende. »Ja, du hast recht, Herr«, sagt die Heidin, »aber selbst die Hunde bekommen von den Brotresten, die vom Tisch ihrer Herren fallen« (15, 27). »Darauf antwortete ihr Jesus: *Frau, dein Glaube ist groß*. Was du willst, soll geschehen. Und von dieser Stunde an war ihre Tochter geheilt« (15, 28). Jesu Verhalten war nur scheinbar hart. Vom ersten Moment an hat er in dieser Frau das große Herz, die Bereitschaft zu glauben gespürt. Durch seine abweisende Haltung hat er ihren Glaubensmut provoziert. Wie groß ist es, wenn Gott selber, wenn Gottes Sohn vor dem Glauben eines Menschen staunend ausruft: Frau, dein Glaube ist groß! Während Jesus äußerlich abweisend *scheint*, ist er ganz wach auf diese Begegnung hin. *Sitit sitiri*, Er dürstet danach, daß sie nach ihm dürstet (KKK 2561). Er dürstet nach ihrem Glauben, wie bei der Begegnung mit der Samariterin. Statt dessen sind die Jünger dumpf in ihrer Sorge um sich selbst befangen. Welch ein »Beichtspiegel« für uns, daß wir unser »Barmherzigsein« prüfen, ob es nicht einfach Ruhe-haben-Wollen ist, nur Komplikationen vermeiden, kein Geschrei, keine peinlichen Szenen! Brennt in uns der Durst nach dem *Heil* der Menschen, nach ihrem *Glauben*, nach dem Großwerden ihres Herzens in den Prüfungen? Wie sieht unser *amor pastoralis* aus im Spiegel dieser Szene?

3. Eine kleine Szene, wieder ein ganzer Beichtspiegel: »Da brachte man Kinder zu ihm, damit er ihnen die Hände auflegte. Die Jünger aber herrschten die Leute an. Als Jesus das sah, wurde er unwillig

und sagte zu ihnen: laßt die Kinder zu mir kommen, hindert sie nicht daran! ... Und er nahm die Kinder in seine Arme, dann legte er ihnen die Hände auf und segnete sie« (Mk 10, 13-16).

Der Evangelist berichtet nicht, *warum* die Jünger die Leute anherrschten, beschimpften. Wollten sie Jesus schützen, ihm lästige Leute vom Halse halten? Oder fanden sie, daß es seiner unwürdig sei, Kinder zum Meister zu bringen, wo Kinder doch nichts von seiner Lehre, seinen Worten verstehen? Wichtig ist, *daß* der Evangelist einfach und ehrlich berichtet, auch vom Zorn Jesu über seine Jünger. Wieder ein Wort, eine Szene, die uns Beichtspiegel sein kann: »Hindert sie nicht daran!«, laßt sie zu mir kommen!

Drei Szenen, die zeigen, was wir nur allzu gut kennen (sollten): Wie oft sind wir es, die Apostel und ihre Nachfolger, die Menschen daran hindern, daß sie zu Jesus kommen!

Zwei weitere Szenen müssen wir noch kurz betrachten; sie führen uns tiefer hinein in *das Drama der Sünde der Hirten*, das uns bereits aus dem Alten Testament so schmerzlich bekannt ist.

4. Es ist nach der Verklärung des Herrn. Er hat den Jüngern zum zweiten Mal gesagt, daß er werde leiden müssen und daß er getötet werden, doch am dritten Tag auferstehen wird. »Sie kamen nach Kafarnaum. Als er dann im Haus war, fragte er sie: Worüber habt ihr unterwegs gesprochen? Sie schwiegen, denn sie hatten unterwegs miteinander darüber gesprochen, wer von ihnen der Größte sei« (Mk 9, 33-34).

Er kündigt sein Leiden an, sie sprechen über Präzedenzen und Promotionen. Es ist schwer faßbar, woher diese Stumpfheit der Herzen kommt. Keiner fragt *Ihn*, keiner *tröstet* Ihn, angesichts Seines bevorstehenden Leidens, wie es einfache Reaktion des Herzens wäre. Nein, es heißt: »Aber sie verstanden den Sinn seiner Worte nicht, scheuten sich jedoch, ihn zu fragen« (Mk 9, 32). Nochmals: gepriesen seien die Evangelisten, die uns diesen getreuen Spiegel bewahrt haben! Doch wie erschütternd das Schweigen der Jünger vor Jesus, das ihn einsam läßt, und ihr Gerede auf dem Weg, wo sich alles nur um sie selber dreht! Wie können sie so an Seinem Leid vorbeischauen? Und wie groß ist Seine Liebe zu denen, die Er selber erwählt hat, *damit sie mit Ihm seien*, und die doch mit ihren Herzen und Gedanken oft so weit weg sind von ihm.

5. Wie weit diese Liebe geht, läßt uns eine Szene erahnen, die gewissermaßen im Allerheiligsten spielt, im Abendmahlssaal, in der Nacht, da er ausgeliefert wurde. »Ich habe mich sehr danach gesehnt, vor meinem Leiden dieses Paschamahl mit euch zu essen« (Lk 22, 15). An diesem einzigartigen Abend, da Er sein Testament schenkt, damit wir es zu Seinem Gedächtnis tun bis Er wiederkommt; da er ihnen die Füße gewaschen hat und ihnen Seinen Leib und Sein Blut gereicht hat, die größte Gabe Seiner Liebe, »da entstand unter ihnen *ein Streit darüber, wer von ihnen wohl der Größte sei*« (Lk 22, 24). Doch in dieser Stunde kommt von Jesus kein scheltendes Wort; vielmehr: »Die Könige herrschen über ihre Völker, und die Mächtigen lassen sich Wohltäter nennen. Bei euch aber soll es nicht so sein, sondern der Größte unter euch soll werden wie der Kleinste, und der Führende soll werden wie der Dienende. Welcher von beiden ist größer: Wer bei Tisch sitzt oder wer bedient? Natürlich der, der bei Tisch sitzt. Ich aber bin unter Euch wie der, der bedient« (Lk 22, 25-27).

Der Herr ist der *Dienende*, auch seinen unverständigen, kleingläubigen (Mk 4, 40), hartherzigen (Mk 6, 52; 8, 17) Jüngern gegenüber. Er verurteilt sie nicht, *er* schickt sie *nicht* weg; Er läßt sie zu sich kommen. Und in *dieser* Stunde, nach *dieser* beschämenden Szene, sagt er ihnen eines der gewaltigsten Worte, das als die feierliche Stiftung ihres Amtes zu betrachten ist: »In allen meinen Prüfungen habt ihr bei mir ausgeharrt« – oh wie wenig glorreich war dieses Ausharren, doch der Herr weiß *auch*, daß sie zumindest den *Willen* dazu hatten und haben, trotz allen Versagens – »*Darum vermache ich euch das Reich, wie es mein Vater mir vermacht hat*. Ihr sollt in meinem Reich mit mir an meinem Tisch essen und trinken, und ihr sollt auf Thronen sitzen und die zwölf Stämme Israels richten« (Lk 22, 28-30).

Hier, mitten in der Stunde, in der alle Apostel an *Ihm* irrewerden, bekräftigt *Er* ihr Amt. Hier auch erhält Simon Petrus die Zusage, daß dank des Gebets der Herr für ihn, daß *sein Glaube nicht wanke* (Lk 22, 31).

»Super hanc petram aedificabo Ecclesiam meam« (Mt 16, 18): Der Felsen ist zuerst *der Glaube*, daß Jesus der Christus, der Sohn des lebendigen Gottes ist (KKK 424). Der Felsen ist Christus selber. Nur in Seiner Kraft und durch Sein Wort ist auch Petrus der Fels.

Das Amt ist von Christus gestiftetes Mittel, damit das Ziel der Kirche ermöglicht wird. Die Unwürdigkeit seines Trägers »kann Christus nicht am Handeln hindern« (KKK 1584). Doch ist es gerade *diese unfaßbare Demut des Herrn*, daß Er sich *Unser* bedienen will für den Aufbau Seiner Kirche, die unsere trägeren Apostelherzen erschüttern und zu Tränen der Reue (Lk 22, 61-62) bewegen soll: »Herr, du weißt alles, du weißt, daß ich dich liebe« (Joh 21, 17).

Vierte Betrachtung
Die Kirche aus der Seite Christi

Jesu ganzes irdisches Leben ist »kirchengründend« in dem umfassenden Sinn, den wir in den drei bisherigen Betrachtungen dieses Kapitels erwogen haben.

Nun gilt es, mit dem Katechismus einen Schritt weiterzugehen: »Die Kirche ging jedoch vor allem aus der Ganzhingabe Christi für unser Heil hervor, die in der Einsetzung der Eucharistie vorweggenommen und am Kreuz in die Tat umgesetzt wurde. ›Der Anfang und das Wachstum [der Kirche] werden zeichenhaft angedeutet durch Blut und Wasser, die der geöffneten Seite des gekreuzigten Jesus entströmten‹ (LG 3).

›Denn aus der Seite des am Kreuz entschlafenen Christus ist das wunderbare Sakrament der ganzen Kirche hervorgegangen‹ (SC 5). Wie Eva aus der Seite des schlafenden Adam geformt wurde, so ist die Kirche aus dem durchbohrten Herzen des am Kreuz gestorbenen Christus geboren« (KKK 766).

Das Konzil hat hier ein bei den Kirchenvätern häufiges Thema aufgegriffen. Die Kirche verdankt sich ganz der Kreuzeshingabe Christi. *Hier* ist ihre Quelle, aus der sie lebt und sich erneuert. Aus dieser Quelle fließen die Sakramente der Kirche; diese Quelle ist in der Eucharistie gegenwärtig, weshalb sie auch »Quelle und Höhepunkt des ganzen christlichen Lebens genannt wird (LG 11; KKK 1324).

Die Kirche verdankt sich dem Kreuz. Was bedeutet das für ihr Wesen, für ihren Weg durch die Zeit, für uns als Diener der Kirche?

Jesu Kreuz ist ein geschichtliches Ereignis, keine »Naturnotwendigkeit«, sondern ein von Menschen gewolltes, verschuldetes, vollzogenes Ereignis, und zugleich geschah es »nach Gottes beschlossenem Ratschluß und Vorauswissen« (Apg 2, 23).

So steht das Kreuz im Schnittpunkt zwischen menschlichem Geschichtshandeln und göttlichem Heilsplan. Es ist zugleich eines der grauenhaftesten Folterwerkzeuge, die menschliche perverse Phantasie erdacht hat und wird von uns als »einzige Hoffnung« begrüßt: »*Ave Crux, spes unica*«. Jesu am Kreuz ausgestreckte, ausgerenkte Arme sind ein schrecklicher Anblick. Und doch sind es diese weit ausgebreiteten Arme, die symbolisieren und zugleich realisieren, was Jesus verheißen hat: »Und ich, wenn ich von der Erde erhöht bin, werde alle an mich ziehen« (Joh 12, 32).

Von ihrem Ursprung am Kreuz her kennzeichnet beides auch die Kirche: sie trägt mit Christus die Schande des Kreuzes und sie ist durch Christus Zeichen der Hoffnung. Nur ein gewichtiger Unterschied: Er allein trägt unschuldig die Schmach des Kreuzes. Das Kreuz der Kirche ist immer auch die Schande ihrer sündigen Glieder. Deshalb ist *Sein* Kreuz unsere *spes unica*. Deshalb, so erklärt der Katechismus, sagen wir auch nicht, »daß wir *an* die Kirche glauben, damit wir nicht Gott und seine Werke miteinander verwechseln, sondern *alle* Gaben, die er in seine Kirche gelegt hat, klar der Güte Gottes zuschreiben« (KKK 750). Gerade deshalb ist unsere *einzige Hoffnung im Kreuz Jesu Christi*: weil wir *alle* der Gabe der Versöhnung bedürfen.

Unsere *meditatio crucis* fragt zuerst, *wie* es zum Kreuzestod Jesu kam. Hier zeigt sich, daß gerade eine saubere historische Forschung *nicht* vom Geheimnis des Glaubens wegführt, sondern auf es stößt. Die historische Exegese hat die Gründe für Jesu Tod in vieler Hinsicht deutlicher werden lassen.

1. Wie kam es zum Tod Jesu? Eines ist aus dem Zeugnis der Evangelien klar ersichtlich. Der eigentliche Grund der Verurteilung Jesu war strikt religiöser Natur. Sein Verhalten wurde deshalb als gotteslästerlich empfunden, weil es ausdrückte, daß Er mit Gottes eigenster Autorität handelte. »Du machst dich selbst zu Gott, du, ein Mensch« (vgl. Joh 5,18; 10,33). Wie die Konflikte Jesu mit den religiösen Autoritäten in Jerusalem zeigen, war der tiefe Streitpunkt die Frage seiner Autorität, letztlich Seiner Identität (vgl. bes. Mk 12).

Wie könnte ein *Mensch* sagen: »Wer Vater oder Mutter *mehr* liebt *als mich*, ist *meiner* nicht wert; und wer Sohn oder Tochter mehr liebt als *mich*, ist *meiner* nicht wert« (Mt 10, 37)? Ist nicht das 4. Gebot das *erste* der *Nächsten*liebe? So gehört *diese* Forderung Jesu zur *Gottes*liebe, zu den ersten drei Geboten.

Wie könnte ein *Mensch* zu sagen wagen: »Jeder, der sich zu *mir* bekennt vor den Menschen, zu dem wird auch der Menschensohn sich bekennen vor den Engeln Gottes« (Lk 12, 8)? So soll also das *ewige* Heil des Menschen von seiner Stellung zu *Jesus* abhängen?

Wir ahnen, wie ungeheuer diese und viele andere Worte, Gesten und Taten Jesu gerade auf die religiösen Häupter wirken mußten. Es kam immer klarer zu einer Entscheidungssituation: Wer für Jesus war, nahm auch seine Worte an, anerkannte, daß er von Gott kam. So glaubten die Pharisäer und Schriftgelehrten, Jesus im Namen Gottes selber ablehnen zu müssen. Ihr Nein zu Jesus wollte Treue zu Gott sein. Lehnen sie aber Jesus ab, wie erklären sie dann seine guten Taten, seine Heilungen und diese nie gesehenen, nie gehörten Kräfte in ihm: »Noch nie hat ein Mensch gesprochen wie dieser Mensch!« (Joh 7, 46)?

In diesem dramatischen Konflikt glaubten sie, »Gott einen Dienst zu erweisen« (Joh 16, 2), indem sie Jesus töten ließen. *Mußte es zum Tod Jesu kommen?* Ist es wie in einer griechischen Tragödie, in der alles mit einer Art Unausweichlichkeit in der Katastrophe zusammenläuft? Hätte es anders kommen können?

Hat Jesus nicht mit der ganzen Liebe und Leidenschaft seines Herzens um Israël geworben? Hat er nicht alles getan, um sein Volk zur Umkehr zu bewegen? Wie ernst dieses Ringen des Herrn war, zeigen seine erschütternden Tränen der Klage über Jerusalem. Als er sich der Stadt näherte, an der Stelle, an der die Pilger beim Anblick der Stadt und des Tempels in Jubel ausbrachen (Ps 121), weint Jesus und sagt: »Wenn doch auch du es erkennen möchtest, an diesem deinem Tag, was dir zum Frieden dient! Nun ist es aber vor deinen Augen verborgen« (Lk 19, 41-44). Und diese andere Klage Jesu, die große Klage Gottes über »seine erste Liebe«: »Jerusalem, Jerusalem, das du die Propheten mordest und die zu dir Gesandten steinigst, *wie oft wollte ich deine Kinder sammeln,* wie eine Henne ihre Küken unter die Flügel sammelt; *und ihr habt nicht gewollt*« (Lk 13, 34).

So ist doch der Unglaube der Juden schuld an Jesu Tod? Sie haben »die Zeit ihrer Heimsuchung« nicht erkannt (Lk 19, 44). »Ihr habt nicht gewollt ... « Jesus hat diese Situation in einem kleinen Gleichnis ausgedrückt: »Mit wem soll ich die Menschen dieser Zeit vergleichen? Wem sind sie ähnlich? Kindern gleichen sie, die auf dem Markt sitzen und einander zurufen: Wir haben euch die Flöte geblasen – und ihr habt nicht getanzt; wir haben euch Trauermusik gemacht, und ihr habt nicht geklagt« (Lk 7, 31-32).

Doch woher stammt dieses »Nicht-Mitspielen«, dieses *Nicht-Wollen*? Als er gekreuzigt wurde, betete Jesus: »Vater, verzeih‹ ihnen, denn sie wissen nicht, was sie tun« (Lk 23,34). Betrifft das nur unmittelbar die, die ihn kreuzigen? Petrus selber sagt nach Pfingsten: »Ich weiß, meine Brüder, ihr habt es aus Unwissenheit getan, wie auch eure Vorsteher« (Apg 3, 17). »Hätten sie ihn erkannt, sie hätten den Herrn der Herrlichkeit nicht gekreuzigt«, bestätigt Paulus (1 Kor 2, 8).

Unwissend – heißt das auch unschuldig? Zweifellos gibt es eine *konkrete* Schuldgeschichte der Kreuzigung Jesu: Sie fängt an mit der Herzensverhärtung derer, die an Jesu Heilungen Anstoß nehmen (Mk 3, 1-6); da gibt es ein Nichtsehen und -hören *wollen*. Da sind aber auch Flucht und Verrat der Jünger, die politischen Kalküle der Tempelaristokratie, die Feigheit des römischen Statthalters, der mangelnde Mut der Ratsmitglieder. Doch hinter diesem engeren Kreis einzelnen Versagens, Unterlassens, Verratens, deren Summe zum Todesurteil gegen Jesus geführt hat, werden *weitere Kreise der Mitschuld sichtbar;* all die vergangene Schuld Israëls. Generation um Generation – »*Wie oft* habe ich versucht, deine Kinder um mich zu sammeln ...« – hat Israël seinem Gott »Nein« gesagt: »Und ihr habt *nicht* gewollt.«

Doch ist es nur die lange Schuldgeschichte Israëls, die hier einen Unschuldigen trifft? *Noch* weitere Kreise von Schuld und Sünde tauchen auf, Kreis um Kreis, letztlich ausgehend von dem ersten, folgeschwersten *Nein*, dem Nein der Ur-Sünde; alles Nein, das je Gott entgegengehalten wurde, ist konzentriert in dieser Stunde der Verwerfung Jesu. Denn in dieser Stunde steht Gottes ganzes »Ja« auf dem Spiel. Kann es eine größere Sünde geben als die Verwerfung Jesu, mit dem Gott uns alles geschenkt hat (Röm 8, 32)? Noch mehr: die Sünde, jede Sünde ist in ihrem Kern Verwerfung Jesu, des Sohnes Gottes, des ewigen Wortes, durch das alles geschaffen ist, und dem alles gehört: »Er kam in *sein Eigentum*, doch die Seinen nahmen ihn nicht auf«.

Die Kreuzigung Christi ist die Tat einzelner Menschen zu der Zeit, da Pontius Pilatus Statthalter in Judäa war. Doch ist sie nicht nur deren vereinzelte, losgelöste Tat. Hinter ihrer Tat stehen *alle* Sünden aller Zeiten, denn jede Sünde ist Nein zum »Eigentumsrecht« Gottes. Wie die Ursünde, so ist *jede* Sünde ein Nicht-an-Ihnglauben. Weil sie, die ihn verworfen haben, nicht an ihn *geglaubt* haben, haben sie ihn kreuzigen lassen.

Auf die Frage, welches die Ursache des Leidens Jesu gewesen sei, antwortete der »Catechismus Romanus«: neben der Erbsünde seien dies *alle* Sünden und Laster gewesen, die je vom Anfang der Welt und bis zu ihrer Vollendung von Menschen vollbracht worden seien (I, 5, 11; vgl. KKK 598).

Diese Dimension des Kreuzes, die dem bloß historischen Betrachter der Ereignisse fremd bleiben muß, kann nur der Heilige Geist erschließen, von dem Jesus sagt, er werde die Welt der Sünden überführen; und die Sünde ist, »*daß sie nicht an mich glauben*« (Joh 16, 8-9).

Wir haben Ihn gekreuzigt. Diese erschütternde Einsicht wurde dem Apostel Paulus freilich erst zuteil, als er dem Auferstandenen begegnet war. Jesus ist *durch meine Sünden* gekreuzigt worden: Diese Erkenntnis wurde Paulus in dem Augenblick geschenkt, als er die überwältigende Einsicht erhielt: »Jesus ist *für meine Sünden* gestorben«. Daß Paulus mit schuld war am Kreuz Jesu, diese schreckliche Wahrheit, wurde ihm erst gewiß im Lichte der Wahrheit, die er im Galaterbrief als die Summe seiner Bekehrung formuliert: »der Sohn Gottes hat *mich* geliebt und sich *für mich* hingegeben« (Gal 2, 20).

2. »Gestorben für unsere Sünden gemäß der Schrift«. Die Frage nach der Schuld am Tod Jesu, so sahen wir, wird erst in ihrer ganzen Weite sichtbar, wenn wir im Glauben erkennen, *wer* der ist, der da ausgeliefert wurde. Wie konnte es geschehen, daß der Sohn Gottes von seinen eigenen Geschöpfen getötet wurde? »Er kam in sein Eigentum, doch die *Seinen* nahmen ihn nicht auf.« Wir erahnen, daß *diese* Verwerfung nicht ein ärgerlicher Unfall in der an solchen Ungerechtigkeiten reichen Weltgeschichte ist. *Die Verwerfung Jesu ist die Zusammenballung alles dessen, was je Sünde war und ist und sein wird. Ja, was Sünde eigentlich ist, und welches Gewicht sie hat, wird erst am Kreuz sichtbar: an dem unendlichen Preis, den es gekostet hat, sie zu heilen.*

In seinem berühmten Dialog »Cur Deus homo« sagt der hl. Anselm von Canterbury zu seinem Schüler Boso »Nondum consideresti quanti ponderis sit peccatum« – »Noch hast du nicht erwogen, welches Gewicht die Sünde hat« (I, 21). Dieses Gewicht wenigstens zu erahnen fällt uns schwer. Daß Sünde in ihrem Kern Verweigerung der Eigentumsrechte Gottes, und damit Verleugnung der Wahrheit über uns selbst (»alles ist *sein* Eigentum«) und so letztlich Verwerfung Gottes ist, das wird erst durch das Kreuz offenbar, an das die »Sünde der Welt« den Sohn Gottes geschlagen hat.

Und eben dieses Kreuz wird von Gott selbst umgewandelt in ein Instrument des Heils.

Im Gleichnis von den bösen Winzern fordert die Logik der Erzählung, daß die ungeheure, ruchlose Ermordung des Sohnes und Erben durch eine drakonische Strafe vergolten wird: »Was wird der Weinbergsbesitzer tun? Er wird kommen und die Winzer vernichten und den Weinberg anderen anvertrauen« (Mk 12, 9). Das wäre die konsequente *Lösung* der Schuld der Winzer. Diese Lösung haben wir verdient.

Statt dessen das Unvorstellbare: Gott selber wandelt die Verwerfung seines Sohnes durch die Sünder um in die Vergebung ihrer Sünde. Nicht *die Lösung der Schuld durch die verdiente Strafe, sondern die Erlösung von der Schuld selber.*

Statt die Winzer zur Strafe für ihre Untat zu verwerfen und zu vernichten, tut der Weinbergsbesitzer das Unausdenkbare: Er selbst liefert seinen Sohn ihren Händen aus; ihre Untat realisiert seine Wohltat. Der Sohn stirbt *durch* die Hände seiner Mörder, doch hat ihn der Vater ihren Händen ausgeliefert, damit er *für* sie stirbt.

In seiner Pfingstpredigt in Jerusalem sagt Petrus: »Ihn, der ausgeliefert wurde nach dem vorgefaßten Ratschluß und dem Vorauswissen Gottes, ihn habt ihr ergriffen, Gott aber hat ihn auferweckt« (Apg 2, 23-24).

Hier ist in höchstem Maß das Geheimnis der Vorsehung realisiert: Eben das, was Untat der Menschen ist, erweist sich – aus Gottes unbegreiflichem, gutem Ratschluß – als *seine* Wohltat für uns. Die »Analogie des Glaubens« hilft uns hier wieder. Am Schluß der Geschichte von Josef und seinen Brüdern sagt dieser zu ihnen, nachdem sie sich ihrer Schuld ihm gegenüber bewußt geworden sind: »Gottes Plan hat das Böse, das ihr mir antun wolltet, zum Guten gewendet, um das zu verwirklichen, was heute geschieht: ein zahlreiches Volk zu retten« (Gen 50, 20).

Der Katechismus fügt hinzu: »Aus dem schlimmsten moralischen Übel, das je begangen worden ist, aus der durch die Sünde aller Menschen verschuldeten Verwerfung und Ermordung des Sohnes Gottes, hat Gott im Übermaß seiner Gnade das größte aller Güter gemacht: die Verherrlichung Christi und unsere Erlösung. Freilich wird dadurch das Böse nicht zu etwas Gutem« (KKK 312).

3. Durch Jesu Kreuz erlöst. Am Kreuz hat Jesus alles menschliche Nein zu Gott in Seinem einzigen großen Ja-Schrei überwunden: »Es ist vollbracht«. Alles Nein zu Gott, die Sünde der Welt, hat ihn ans Kreuz gebracht. Am Kreuz hat Jesus das Nein überwunden.

In Getsemani hat Jesus den Willen des Vaters ganz angenommen, hat sich ausliefern lassen für uns, und indem er mit seinem menschlichen Willen dazu Ja gesagt hat (»Nicht mein Wille, sondern der Deine ...«), hat Er für uns alle das befreiende Ja zum Willen des Vaters gesprochen. »*In ihm haben wir die Erlösung*« (Kol 1, 14): Er ist in einem Gottes Ja zu uns, und des Menschen Ja zu Gott.

Erlösung heißt daher: *Er* für *mich*; Er an meiner Statt. »Er hat *mich* geliebt und sich *für mich* hingegeben«. Nochmals das Gleichnis von Mk 12: die bösen Winzer haben den letzten Boten, den

Sohn, getötet – wir haben den »Herrn der Herrlichkeit« gekreuzigt. Aber dies ist uns nicht zum Gericht geworden: er hat sich für uns von uns treffen lassen und sich für uns hingegeben. *Vor* allem, was wir tun können, und umgreifender als alles, was wir verfehlen können, ist dieses »für uns« Christi.

Ungelöst, rätselhaft bleibt freilich vorerst die Frage, ob bei dieser *Vorgabe* des »für uns« überhaupt noch etwas oder jemand »gegen uns« sein kann: der Tod, der Teufel, oder gar wir selber? »Was kann uns scheiden von der Liebe Christi?« (Röm 8, 35). Paulus sagt, er sei gewiß, *nichts* könne ihn von Christus scheiden. Nichts? Auch nicht mein eigenes Nein? Mein »Ich will nicht«? Besteht also keine Gefahr, daß ich mich in ein endgültiges Nein verschließe?

Wozu beten wir dann aber im Römischen Hochgebet: »Bewahre uns vor der ewigen Verdammnis«? Warum beten wir still vor dem Empfang der heiligen Kommunion: »... erlöse mich durch dein Fleisch und Blut von allen meinen Sünden und von jeglichem Übel. Gib, daß ich Deine Gebote treu gewahre und *laß nicht zu, daß ich mich jemals von Dir trenne*«?

Bei diesen Worten soll der heilige Pfarrer von Ars jedesmal geweint haben ...

IV. Kapitel

Die Kirche – durch die Ausgießung des Heiligen Geistes offenbart

Erste Betrachtung
Er übergab den Geist

»Als das Werk vollendet war, das der Vater dem Sohn auf Erden zu tun aufgetragen hatte (vgl. Jo17, 4), wurde *am Pfingsttag* der Heilige Geist gesandt, auf daß Er die Kirche immerfort heilige und die Gläubigen so durch Christus in einem Geist Zugang hätten zum Vater« (LG 4; KKK 767). Damals »wurde die Kirche vor der Menge öffentlich bekanntgemacht (*manifestata*), die Ausbreitung des Evangeliums unter den Heiden durch die Verkündigung nahm ihren Anfang« (AG 4). Als »Zusammenrufung« aller Menschen zum Heil ist die Kirche ihrer Natur nach missionarisch, von Christus zu allen Völkern gesandt, um alle Menschen zu Jüngern zu machen« (KKK 767).

Haben wir bisher den Heiligen Geist übersehen? Wir konnten von der Schöpfung, vom Alten Bund, von Christus sprechen, ohne ausdrücklich den Heiligen Geist zu erwähnen. Ist das nur meine Unaufmerksamkeit? Ist das ein Zeichen dafür, daß der Heilige Geist oft einfach übersehen, vergessen wird? Ist es vielleicht sogar so wie damals in Ephesus, als Paulus einigen Jüngern begegnete, die ihm ganz offen bekennen mußten: »Wir haben noch nicht einmal gehört, daß es einen Heiligen Geist gibt« (Apg 19, 2)? Vielleicht ist aber dieses »Vergessen« auch irgendwie bezeichnend für den Heiligen Geist selber?

Im dritten Kapitel des Ersten Teils des Katechismus, im Kapitel über den Heiligen Geist, lesen wir dazu:

»Keiner erkennt Gott – nur der Geist Gottes« (1 Kor 2, 11). Der Geist, der Gott offenbart, läßt uns Christus, sein lebendiges Wort

erkennen; *er spricht aber nicht von sich,* Er, der ›durch die Propheten gesprochen hat‹, läßt uns das Wort des Vaters vernehmen. *Ihn
selbst aber hören wir nicht.* Wir erkennen ihn nur darin, daß er uns
das Wort offenbart und uns bereit macht, es im Glauben anzunehmen. Der Geist der Wahrheit, der uns Christus ›enthüllt‹, redet
nicht ›aus sich selbst heraus‹(Joh 16, 13). *Diese wahrlich göttliche
Zurückhaltung* erklärt, warum ihn ›die Welt nicht empfangen
kann, weil sie ihn nicht sieht und nicht kennt‹, während die an
Christus Glaubenden ihn kennen, weil er bei ihnen bleibt (Joh 14,
17)« (KKK 687).

So geht der Heilige Geist zwar überall dem Glauben voraus, weckt
ihn, führt und leitet ihn. Doch in der Ordnung der Offenbarung ist
er »der zuletzt Geoffenbarte« (KKK 684). Das Ziel der Katechese ist
es, Menschen »in Lebenseinheit mit Jesus Christus zu bringen«
(KKK 426). Und eben das ist das Ziel *der Kirche:* Volle Lebensgemeinschaft mit Christus. »Um mit Christus in Verbindung zu sein,
muß man zuvor durch den Heiligen Geist berührt worden sein«
(KKK 683).

Wie geschieht das? *Wie berührt* der Heilige Geist? *Wie offenbart
Er Christus?* Wenn *Er* nicht die Herzen von innen berührt und
lehrt, dann nützt die beste Verkündigungsmethode nichts. Die
Apostelgeschichte zeigt, wie die Ausbreitung des Evangeliums vom
Heiligen Geist geleitet wird, wie Er dem Evangelium die Türen öff-
net – oder auch verschließt (vgl. Apg 16, 6. 8. 14).

Von Anfang an ist der Geist am Werk, untrennbar vom Wort,
das »im Anfang war«, und wie das Wort war Er Gott (Joh 1, 1). Und
wie das Wort, der Logos, alles in der Schöpfung und den Bundes-
schlüssen wirkt, so der Heilige Geist.

Im Katechismus findet sich eine ganze Katechese über das *verborgene Wirken* des Heiligen Geistes von der Schöpfung »bis zur
›Fülle der Zeit‹ (Gal 4, 4)« (KKK 702). Diese Katechese soll helfen,
das Alte Testament auf das hin zu lesen, »was der Geist, ›der durch

die Propheten gesprochen hat‹, uns von Christus sagen will« (KKK 702). Der Katechismus versucht hier, wenn auch nur in knappen Umrissen, zu einer Exegese hinzuführen, wie sie vom Konzil gewünscht wird: In *Dei Verbum 12, 3* – einem höchst wichtigen Text – heißt es: »Die Heilige Schrift ist in demselben Geist, in dem sie geschrieben wurde, auch zu lesen« (KKK 111): »Bis zur ›Fülle der Zeit‹ (Gal 4, 4) bleibt die gemeinsame Sendung des Wortes und des Geistes des Vater *verborgen*, ist aber schon von Anfang an am Werk. Der Geist Gottes bereitet auf den Messias vor. Ohne voll geoffenbart zu sein, sind beide schon verheißen, damit sie erwartet und bei ihrem Kommen aufgenommen werden« (KKK 702).

Die Katechese über den Heiligen Geist im Alten Bund bedient sich dabei nicht der *Allegorese*, sondern liest die konkreten Ereignisse und Etappen des Alten Bundes, von der Schöpfung angefangen bis zu Johannes dem Täufer (KKK 703-720), als die geduldige Vorbereitung auf Christus hin. Überall ist der Geist, der verborgene »Lebensspender«, schon am Werk und doch noch unbekannt, ja noch nicht »gegeben«: »Denn der Geist war noch nicht gegeben, weil Jesus noch nicht verherrlicht war« (Joh 7, 39), so heißt es im Johannesevangelium an jener Stelle, die von den Vätern so viel kommentiert wurde[1]: »Am letzten Tag des Festes, dem großen Tag, stellte sich Jesus hin und rief: Wer Durst hat, komme zu mir, und es trinke, wer an mich glaubt. Wie die Schrift sagt: Aus seinem Inneren werden Ströme von lebendigem Wasser fließen. Damit meinte er den Geist, den alle empfangen sollten, die an ihn glauben; denn der Geist war noch nicht gegeben, weil Jesus noch nicht verherrlicht war« (Joh 7, 37-39).

»Jetzt erst, in den ›letzten Zeiten‹, die mit der erlösenden Menschwerdung des Sohnes anheben, wird er als Person *offenbart* und *erkannt, geschenkt* und *aufgenommen*. Jetzt kann dieser göttliche Ratschluß, den Christus als »Erstgeborener« und Haupt der neuen Schöpfung, vollzogen hat, durch den ausgegossenen Geist in der Menschheit Gestalt annehmen als die Kirche« (KKK 686).

Pfingsten ist gewiß die Stunde, da die Kirche *offenbar* wird, aber *gegeben* wird der Heilige Geist zuerst *am Kreuz*. »Denn der Geist war noch nicht *gegeben*, weil Jesus noch nicht verherrlicht war« (Joh 7, 39). Jesu Verherrlichung aber geschah *am Kreuz*. Hier, in der Liebe »bis zur Vollendung« (Joh 13, 1), wird auch der Geist geschenkt. Hier, in *dieser* Stunde, »vollzieht sich das Werk unserer Erlösung«. Deshalb wenden wir uns nochmals dem *Geheimnis des Kreuzes* zu, um die im vorangegangenen Kapitel begonnene Betrachtung über die Geburt der Kirche »ex latere Christi« weiterzuführen durch die Betrachtung der *Gabe des Heiligen Geistes* in der Stunde der Verherrlichung Jesu. Denn das Kreuz, das Mysterium Paschale bleibt die Quelle, aus der die Kirche die »Ströme lebendigen Wassers«, den Heiligen Geist, empfängt und selber weiter verströmen kann.

Wir haben oben betrachtet, wie Jesu Verurteilung und Tötung zugleich menschliche Untat und göttliche Heilstat waren. Dieses Ineinandergreifen von menschlicher Sündentat und göttlicher Gnadentat kommt in einer sprachlichen Besonderheit im Neuen Testament zum Ausdruck. Das Wort »überliefern« bzw. »hingeben« (gr.: *paradidonai* / lat: *tradere*) wird sowohl für die Heilstat Gottes als auch für die böse menschliche Tat gebraucht. So heißt es, Judas habe Jesus »ausgeliefert« (*tradidit illum*; Mt 10, 4 e. a.), oder Jesus werde den Händen der Sünder ausgeliefert (z. B. Mk 9, 31; Lk 24, 7). Doch wird dasselbe Wort auch für Gottes Ratschluß gebraucht: So die Passivform »er *wurde* hingegeben für unsere Übertretungen« (Röm 4, 25) oder ausdrücklich in Anspielung auf das Opfer Abrahams: »Gott hat seinen eigenen Sohn nicht verschont, sondern ihn *für uns alle hingegeben*« (Röm 8, 32). Mehrmals sagt Paulus auch, Christus habe *sich selber* »hingegeben«, *für ihn*, Paulus (Gal 2, 20), *für uns* (Eph 5, 2), *für die Kirche* (Eph 5, 25). Und nochmals dasselbe Wort: »*Alles* ist mir von meinem Vater *übergeben* worden« (Mt 11, 27).

Angesichts des Kreuzes, das Tat der Sünder und zugleich Heilstat Gottes ist, fragt Paulus: »Wie sollte Er uns mit Ihm nicht *alles* schenken?« (Röm 8, 32). Dieses »*Alles*« ist Er, der geliebte Sohn des Vaters. Der Heilige Vater schreibt in der Enzyklika über den Heiligen Geist »Dominum et Vivificantem« (N° 23): »Bereits im *Geben* des Sohnes, im Geschenk des Sohnes, zeigt sich das tiefste Wesen Gottes, der ja als göttliche Liebe die unerschöpfliche Quelle des Schenkens ist. *Im Geschenk, das der Sohn gibt,* vervollständigen sich die Offenbarung und das Schenken der ewigen Liebe: Der Heilige Geist, der in den unergründlichen Tiefen der Gottheit Geschenk als Person ist, wird durch den Sohn, das heißt durch das Ostergeheimnis, in einer neuen Weise den Aposteln und der Kirche und durch diese der Menschheit und der ganzen Welt geschenkt«.

Der Vater hat, um uns zu versöhnen, Seinen eigenen Sohn hingegeben, Sein Ewiges Wort, das nach dem wunderbaren Ausdruck des hl. Thomas *Verbum spirans Amorem* – das Wort, das die Liebe haucht – ist. Und der Sohn hat sich aus Liebe zu uns dem Vater »übergeben«, aus Liebe zum Vater hat er sich für uns hingegeben: »Vater, in deine Hände lege ich meinen Geist. Nach diesen Worten hauchte Er seinen Geist aus« (Lk 23, 46). Und Johannes: »Und Er gab seinen Geist auf« (*tradidit spiritum*) (Joh 19, 30). Der »Geist«, von dem hier die Rede ist, meint – nach der heutigen Exegese, aber auch nach der bei den Vätern vorherrschenden Auslegung – die Seele, den menschlichen Geist. Doch ist das Ereignis selber offen auf *den Geist* hin, den Jesus verheißen hat und der jetzt *gegeben* wird: Am Kreuz schenkt der Sohn *alles*, sein ganzes Leben. Als Mensch sterbend ist Er das *Verbum spirans Amorem* (das Wort, das die Liebe haucht).

Am Kreuz offenbart sich die Heiligste Dreifaltigkeit; *alles* hat der Vater gegeben: Seinen Sohn; *alles* hat der Sohn geschenkt: Sein Leben. Beide schenken *die Gabe, die Liebe in Person*: den Heiligen Geist.

Das alles wäre nur ein schöner Traum, wäre Christus im Tod geblieben. *ER ist auferstanden!* Er ist »von den Toten auferweckt worden durch die Herrlichkeit des Vaters« (Röm 6, 4). Und die erste Gabe des Auferstandenen ist der Heilige Geist. Doch ehe der Herr die Jünger anhaucht und spricht: »Empfangt den Heiligen Geist« (Joh 20, 22) zeigt er ihnen seine Hände und seine Seite (Joh 20, 20). Dazu sagt der Heilige Vater in seiner Enzyklika: »Er schenkt ihnen den Geist gewissermaßen *durch die Wunden* seiner Kreuzigung ... *Kraft dieser Kreuzigung kann er ihnen sagen:* ›*Empfangt den Heiligen Geist*‹. Es bildet sich so ein *enges Band zwischen dem Senden des Sohnes und dem Senden des Heiligen Geistes. Es gibt keine Sendungen des Heiligen Geistes* (nach der Ursünde) *ohne das Kreuz und die Auferstehung* ... Die Sendung des Sohnes findet in gewissem Sinne ihre ›Vollendung‹ in der Erlösung. Die Sendung des Heiligen Geistes ›schöpft‹ aus der Erlösung. Die Erlösung wird *vollständig gewirkt* vom Sohn ... in dem er sich am Holz des Kreuzes als Ganzopfer hingegeben hat. Aber zugleich wird diese Erlösung im Herzen und Gewissen der Menschen – in der Geschichte der Welt – vom Heiligen Geist, dem ›anderen Beistand‹, ständig gewirkt« (Dominum et vivificantem, 24).

Wir kehren damit zum Ausgangspunkt unserer Betrachtung zurück: Am Pfingsttag wurde durch den Heiligen Geist die »Manifestation« der Kirche begonnen, die »Zeit der Kirche«, ihres äußeren und inneren, sichtbaren und geistlichen Wachsens. Aber *gegeben* wird der Heilige Geist am Kreuz, und diese Quelle *bleibt* der Ursprung der Kirche. Das durchbohrte Herz des Erlösers bleibt der Quell unendlicher Liebe, aus dem uns der Heilige Geist zuströmt (KKK 478).

»Die Zeit der Kirche« ist daher auch kein anderes Zeitalter als das des gekreuzigten und auferstandenen Herrn, der uns vom Vater den Geist sendet. Die Zeit der Kirche ist die des Heiligen Geistes, den Christus am Kreuz und am Osterabend gehaucht hat. Es wird daher auch kein »neues Zeitalter« (New Age) geben, kein anderes als die »letzten Zeiten«, in denen wir seit Ostern sind. Und der Heilige Geist führt uns nicht anderswo hin als zu Dem, von dem Er nimmt, um uns zu geben (vgl. Joh 16, 14): *zu Christus*.

Die Kirche aber ist der Ort, »wo der Geist blüht« (*locus ubi Spiritus Sanctus floret*: Hippolyt, Trad. ap. 35 = KKK 749). Und der hl. Irenäus sagt: »In ihr (der Kirche) ist niedergelegt *die Gemeinschaft mit Christus*, das heißt *der Heilige Geist* ... Wo die Kirche, da ist auch der Geist Gottes; und wo der Geist Gottes, dort ist die Kirche und alle Gnade« (KKK 797).

Woran aber erkennen wir Ihn, den Geist der Wahrheit und der Liebe? Wie unterscheiden wir Sein Wirken von dem Wirken anderer Geister und Ungeister? »Die Welt, sagt Jesus, kann ihn nicht empfangen, weil sie ihn nicht sieht und nicht kennt« (Joh 14, 17). Nichts tut uns in unserem Hirtendienst mehr Not als diese *Gabe der Unterscheidung*, damit wir »den Geist nicht auslöschen« (1 Thess 5, 19), damit wir uns vom Geist leiten lassen (Röm 8, 14; Gal 5, 18), denn nur dann sind wir frei, Söhne Gottes, wahrhaft Kirche, das heißt Familie Gottes. Und nur dann finden wir jenes Glück, nach dem wir streben und das uns allein durch den Heiligen Geist, den *dulcis hospes animae* (den süßen Seelengast), geschenkt werden kann.

Zweite Betrachtung
Schau auf den Glauben Deiner Kirche

Die Kirche ist, so sagt das Konzil (LG 8; KKK 771), »Gemeinschaft des Glaubens, der Hoffnung und der Liebe«. Unter allen Aussagen über das Geheimnis der Kirche steht diese an erster Stelle. Wir betrachten hier die »*Manifestation*« der Kirche durch den Heiligen Geist. Wir könnten uns dabei vielen Aspekten dieses Themas zuwenden, die die *öffentliche* Manifestation der Kirche betreffen. Das 1. Vatikanum nennt etwa »die wunderbare Ausbreitung, die außerordentliche Heiligkeit, die unerschöpfliche Fruchtbarkeit an allem Guten, die Katholische Einheit, die unbesiegte Beständigkeit« der Kirche, die, alle zusammen, die Kirche selber »zu einem mächtigen und fortdauernden Beweggrund der Glaubwürdigkeit und zu einem unwiderlegbaren Zeugnis ihrer göttlichen Sendung« machen (DS 3013; KKK 812). In der Gesamtperspektive dieser geistlichen Übungen sollen aber weniger diese äußeren Zeichen als vielmehr *das innere Lebensprinzip* der Kirche Gegenstand unserer Betrachtung sein.

Die »Seele« der Kirche aber ist der Heilige Geist. »Diesem Geist Christi als dem unsichtbaren Prinzip ist zuzuschreiben, daß alle Teile des Leibes sowohl untereinander als auch mit ihrem erhabenen Haupt verbunden sind, da Er *ganz* im Haupt ist, *ganz* im Leib, *ganz* in den einzelnen Gliedern« (Pius XII, Mystici corporis; DS 3808; KKK 797).

Der Heilige Geist »ist in allen Teilen des Leibes das Prinzip jeder lebensspendenden und wirklich heilsamen Handlung« (ebd., KKK 798).

Kardinal Charles Journet, der große Theologe der Kirche, nennt daher den Heiligen Geist »l'âme incréée de l'Eglise«, die ungeschaffene, das heißt göttliche Seele der Kirche, während er *die Liebe* als »l'âme créée de l'Eglise«, die geschaffene Seele der Kirche bezeichnet[2].

Unter *allen* »lebensspendenden und wirklich heilsamen Handlungen, die der Heilige Geist in der Kirche und in ihren Gliedern bewirkt (KKK 798), ragen *die göttlichen Tugenden*« hervor. »Denn die göttliche Tugenden beziehen sich unmittelbar auf Gott. Sie befähigen die Christen, in Verbindung mit der Heiligsten Dreifaltigkeit zu leben. Sie haben den einen, dreieinigen Gott zum Ursprung, zum Beweggrund und zum Gegenstand« (KKK 1812).

»Die göttlichen Tugenden sind Grundlage, Seele und Kennzeichen des sittlichen Handelns des Christen. Sie gestalten und beleben alle sittlichen Tugenden. Sie werden von Gott in die Seele der Gläubigen eingegossen, um sie fähig zu machen, als seine Kinder zu handeln und das ewige Leben zu verdienen. Sie sind das Unterpfand dafür, daß der Heilige Geist in den menschlichen Fähigkeiten wirkt und gegenwärtig ist« (KKK 1813).

Die *entscheidende* »Manifestation« der Kirche durch die Kraft des Heiligen Geistes liegt also in dem, was die Theologen das »theologale Leben« nennen, in *Glaube, Hoffnung und Liebe* als jenen göttlichen Tugenden, die uns »der göttlichen Natur teilhaftig« (2 Petr 1, 4) machen, die uns in »*Lebenseinheit mit Jesus Christus bringen*« (KKK 426).

So seien unsere drei weiteren Betrachtungen dieses Kapitels den göttlichen Tugenden gewidmet. Dabei können natürlich nur einige wenige Anregungen für die persönliche Betrachtung aus dem weiten Feld von Glaube, Hoffnung und Liebe herausgegriffen werden. Beginnen wir mit dem *Glauben.*

»*Durch den Glauben* ordnet der Mensch seinen Verstand und seinen Willen völlig Gott unter. Er gibt Gott, der sich offenbart, mit seinem ganzen Wesen seine Zustimmung. Die Heilige Schrift nennt diese Antwort des Menschen auf den sich offenbarenden Gott ›Glaubensgehorsam‹« (KKK 143). So »definiert« der Katechismus den Glauben. Gegen diese Definition, die fast wörtlich *Dei Verbum* 5 entnommen ist, wurde eingewandt, sie sei zu intellektuell, zu voluntaristisch, sie bringe zu wenig das *Vertrauen* zum Ausdruck. Vielleicht wird tatsächlich zu wenig deutlich, daß die *Zustimmung* von Verstand und Willen nicht ein bloßes Geschehen von menschlichen Willens- und Verstandesbemühungen ist. In der *Zustimmung,* dem *assensus* des Glaubens, geht es um mehr: um ein wirkliches *Berühren* Gottes, einen *realen Kontakt,* eine wahre *Teilhabe* an Gott. Das ist das Unvergleichliche der theologalen Tugenden, daß sie Gott wahrhaft »erreichen«, daß in ihnen und durch sie eine »*Lebenseinheit*« mit dem lebendigen, dreifaltigen Gott entsteht. *Deshalb* sind die theologalen Tugenden *das* »*Lebensmilieu*« der Kirche, *wenn* die Kirche wirklich »das von der Einheit des Vaters und des Sohnes und des Heiligen Geistes her geeinte Volk« (Cyprian; KKK 810) ist.

Deshalb sagt der Hl. Johannes vom Kreuz: »Der Glaube gibt uns Gott selber und läßt uns Ihn erkennen« (Cant. Spir. Str. XI).

Deshalb kann er auch sagen: »Je mehr die Seele den Glauben hat, desto mehr ist sie mit Gott vereint« (Aufstieg, Kap. IX). So erklärt sich auch, warum der hl. Thomas sagen kann, der Glaube sei die *inchoatio visionis*, der – freilich noch dunkle – Beginn der seligen Gottesschau (KKK 163; STh II – II, 4, 1). Denn wie diese uns ganz mit Gott vereinen wird, so vereint uns bereits der Glaube mit Ihm. Zwischen Glaube und Schau ist daher kein Wesensunterschied, beide *einen* uns mit Gott, der Glaube noch im Dunkel des irdischen Weges, die Schau in der Helle des abendlosen Lichtes.

Das große Geschenk der Meister des Karmel an die Kirche sind nicht nur die vielen Heiligen – so viele, daß ein Dominikaner eifersüchtig werden könnte!-, sondern auch die von eben diesen Heiligen gelebte und gelehrte Praxis der *oración*, des inneren Gebets. Was ist die oración? Einfach »ein lebendiger Kontakt mit Gott«, und diesen gewinnen wir zuerst durch den Glaubensakt. Ein großer Meister des Karmel in unserem Jahrhundert, der Gründer des Säkularinstituts Notre Dame de Vie, P. Marie-Eugène de l'Enfant Jésus – auch seine Seligsprechung erhoffen wir für bald – gebraucht für die *oraison* ein anschauliches Bild: Ebenso unfehlbar, wie meine Hand naß wird, wenn ich sie in Wasser tauche, berührt meine Seele Gott, wenn ich den Akt des Glaubens erwecke. Wie immer auch mein physischer oder psychischer Zustand sein mag: »Ich weiß, sagt die hl. Theresia von Avila, daß ich durch den bloßen Akt des Glaubens mich in Verbindung mit Gott setzen kann« (Camino, c. 28).

Nun ist es aber den göttlichen Tugenden eigen, daß sie sich der menschlichen *Erfahrung* entziehen. Habe ich den Glauben? Habe ich Hoffnung und Liebe? Das läßt sich nicht am Gefühl, an der psychischen *Erfahrung* feststellen. Das göttliche Leben in uns ist verborgen, aber deswegen nicht weniger real. P. Marie-Eugène de l'Enfant Jésus sagt: »Welche Wahrnehmungen man auch immer haben mag – sie können sogar ganz fehlen –, sobald ich sage: ›Ich glaube ... aufgrund der Autorität Gottes‹, habe ich einen übernatürlichen Akt gesetzt; die Tugend des Glaubens ist tätig geworden«[3].

Und der *Katechismus*: »Der *Beweggrund*, zu glauben, liegt nicht darin, daß die geoffenbarten Wahrheiten im Licht unserer natürlichen Vernunft wahr und einleuchtend erscheinen. Wir glauben ›wegen der Autorität des offenbarenden Gottes selbst, der weder sich täuschen noch täuschen kann‹ (Vaticanum I, DS 3008)« (KKK 156).

Glauben weil Gott Gott ist, also unendlich *glaubwürdig*: das ist der *Grund* für unseren Glauben. Doch die Ermöglichung dazu schenkt uns Gott selber: »Damit dieser Glaube geleistet werden kann, bedarf es der zuvorkommenden Gnade Gottes und der inneren Hilfen des Heiligen Geistes, der das Herz bewegen und zu Gott umkehren, die Augen des Verstandes öffnen und allen die Freude verleihen soll, der Wahrheit zuzustimmen und zu glauben« (KKK 153).

Deshalb ist es aber auch ein Ausdruck der Gottesverehrung, ja der Anbetung, *Gott zu glauben*, ein Bekenntnis, daß Er wahrhaft Gott ist: »Ich weiß, *wem* ich Glauben geschenkt habe« (2 Tim 1, 12). Deshalb ist es aber auch so wichtig, daß unsere Verkündigung zum theologalen Glauben einlädt und davon spricht: das ist substantielle Nahrung für die Gläubigen.

Der Katechismus lehrt als Folge daraus, daß wir *Gott* unseren Glauben schenken: »Der Glaube ist *gewiß*, gewisser als jede menschliche Erkenntnis, denn er gründet auf dem Wort Gottes, das nicht lügen kann. Zwar können die geoffenbarten Wahrheiten der menschlichen Vernunft und Erfahrung *dunkel scheinen*, aber ›die Gewißheit durch das göttliche Licht ist größer als die Gewißheit durch das Licht der natürlichen Vernunft‹ (Thomas v. A. STh 2-2, 171, 5 obj 3). ›Zehntausend Schwierigkeiten machen keinen einzigen Zweifel aus‹ (John Henry Newman)« (KKK 157).

Der hl. Johannes vom Kreuz hat den Glauben deshalb definiert als »einen *habitus* der Seele, der zugleich gewiß und dunkel ist« (Aufstieg, Buch II, cap. II).

»Der Glaube wird von Gott, auf den er sich richtet, erhellt; dennoch wird er oft *im Dunkel* gelebt. Der Glaube kann auf eine harte

Probe gestellt werden. Die Welt, in der wir leben, scheint von dem, was der Glaube uns versichert, oft sehr weit entfernt. Die Erfahrung des Bösen und des Leidens, der Ungerechtigkeiten und des Todes scheinen der Frohbotschaft zu widersprechen. Sie können den Glauben erschüttern und für ihn zur Versuchung werden« (KKK 164).

In solchen Prüfungen wenden wir uns den Glaubenszeugen zu: Abraham, der »gegen alle Hoffnung voll Hoffnung« glaubte (Röm 4, 18); vor allem aber *Maria*, die, nach dem Wort des Konzils, »den Pilgerweg des Glaubens« (LG 58, vgl. KKK 165) gegangen ist. In der Betrachtung der langen Jahre des verborgenen Lebens im Haus von Nazareth, in denen Maria »mit der Wahrheit ihres Sohnes *nur im Glauben* und *durch den Glauben in Berührung ist*«, spricht der Heilige Vater von einer »gewissen Glaubensnacht« Mariens, »gleichsam ein ›Schleier‹, durch den hindurch man sich dem Unsichtbaren nahen und mit dem Geheimnis in Vertrautheit leben muß« (Redemptoris Mater 17). *Ausdrücklich* spricht bereits die kleine heilige Theresia davon, daß Maria »die Nacht des Glaubens« gekannt habe – in ihrem letzten und längsten Gedicht – PN 54, Strophe 15 – »Pourquoi je t'aime, ô Marie! Wovon sie in diesem Gedicht spricht, das hat sie selber in den langen Monaten ihrer »dunklen Nacht« kennengelernt: daß der friedvolle, feste Glaube mit tiefster seelischer Dunkelheit zusammengehen kann. In den »Novissima verba« wird von Thérèse überliefert: »Ich habe einen schönen Text in den Betrachtungen der *Nachfolge Christi* [des Thomas von Kempen] gelesen: Am Ölberg erfreute sich unser Herr aller Wonnen der Dreifaltigkeit, und dennoch war seine Agonie nicht weniger grausam. Das ist ein Geheimnis, aber ich versichere euch, daß ich davon etwas verstehe, denn ich erfahre es selber«.

Ist der theologale Glaube dieser lebendige Kontakt mit Gott, in dem eine wirkliche Lebensgemeinschaft mit Gott entsteht, so ist verständlich, warum der Glaube *notwendig* ist, um das ewige Leben zu erlangen: »Ohne Glauben ist es unmöglich, Gott zu gefallen«

(Hebr 11, 6). »Keiner wird das ewige Leben erlangen, wenn er nicht im Glauben ›ausgeharrt hat bis ans Ende‹ (Mt 10, 22; 24, 13)« (KKK 161; zit. Vaticanum I, DS 3012).

Die Gnade der Beharrlichkeit im Glauben zu erbitten gebietet uns die Erkenntnis unserer Schwachheit, noch mehr aber das Verlangen, der Liebe Gottes treu zu bleiben, Gottes Treue nicht zu verraten: »Kämpfe den guten Kampf, gläubig und mit reinem Gewissen. Schon manche haben die Stimme ihres Gewissens mißachtet und haben im Glauben Schiffbruch erlitten« (1 Tim 1, 18-19; KKK 162).

Ich erinnere mich der Begegnung mit Kardinal Ignatius Gon Pin-mei, dem Bischof von Shanghai, der wegen seiner Treue zum Papst 32 Jahre im Gefängnis verbracht hatte, bei seiner ersten Reise nach Rom und Lourdes. Am Schluß der Begegnung sagte der damals 87-Jährige, er habe nur eine Bitte an alle Anwesenden: »Betet für mich, daß ich bis zum Schluß im Glauben treu bleibe!«

»Herr, schau nicht auf *unsere Sünden,* sondern auf den *Glauben deiner Kirche*!« Angesichts der Gefährdungen, denen unser eigener Glaube von innen und von außen ausgesetzt ist, schauen wir auf »*den Glauben deiner Kirche*«. »Niemand kann für sich allein glauben, wie auch niemand für sich allein leben kann. Niemand hat sich selbst den Glauben gegeben, wie auch niemand sich selbst das Leben gegeben hat ... Ich kann nicht glauben, wenn ich nicht durch den Glauben anderer getragen bin, und ich trage durch meinen Glauben den Glauben anderer mit« (KKK 166).

Mein, unser Glaube ist freilich nicht meiner, unser Glaube, sondern *der* Glaube, *der Kirche. Sie* sagt »credo«, und ich kann es nur *mit ihr* sagen. »Zunächst ist es die Kirche, die glaubt und so meinen Glauben trägt« (KKK 168).

»Ich glaube«: So spricht auch die Kirche, unsere Mutter, die durch ihren Glauben Gott antwortet und uns sagen lehrt: »Ich glaube«, »wir glauben« (KKK 167). *Ihr* Glaube wird nicht wanken. *Sie* ist »die Säule und das Fundament der Wahrheit« (1 Tim 3, 15).

Dritte Betrachtung
Das Gebet – Dolmetsch der Hoffnung

Aus dem Leben der seligen Edith Stein ist eine Episode bekannt, da sie, noch vor ihrer Bekehrung, in Frankfurt in den Dom geht und dort eine einfache Frau, die vom Markt kommt, knien und beten sieht. Nach Edith Steins eigenem Zeugnis war dieses Bild ein entscheidender Eindruck auf ihrem Weg zum Glauben: ein einfacher Mensch, der betend im Dom kniet.

Etwas Unaussprechliches, ganz einfach, wie selbstverständlich, und doch so geheimnisvoll: dieser vertraute Umgang mit dem unsichtbaren Gott. Nicht ein in-sich-gekehrtes Meditieren, sondern das stille Ausgespanntsein hin zu einem geheimnisvollen *Anderen*. Was Edith Stein an dieser einfachen Beterin erahnt, wird bald für sie zur Gewißheit werden: Gott existiert, und im Gebet wenden wir uns hin zu Ihm.

Wie muß erst der Eindruck gewesen sein, den Jesu stilles, oft stunden-, ja nächtelanges Beten auf seine Jünger gemacht hat! Was war es um diesen geheimen Ort, diese lange Hinwendung, in Stille, zu dem, den Er »Abba« nennt? »Und es begab sich, als er eines Tages an einem Ort betete, sagte einer seiner Jünger, als er geendet hatte, zu ihm: ›Herr, lehre uns beten, wie auch Johannes seine Jünger gelehrt hat.‹«(Lk 11,1). *Lehre uns beten*: die Sehnsucht, einzutreten in den Raum dieser stillen Vertrautheit, dieses wachen Ausgestrecktseins hin zu dem unsichtbar Gegenwärtigen; die Ehrfurcht vor dem Geheimnis des Gebetes Jesu ist so groß, daß der Jünger sich nicht traut, den Herrn zu unterbrechen, in sein Gebet mit seiner Frage »hineinzuplatzen«. Er wartet, bis Jesus selber aus dem Gebet heraustritt. Dann erst wagt er zu fragen, zu bitten: »Lehre uns beten!«

Berührt es uns nicht, wenn wir in die Kirche kommen und da einen stillen Beter finden? Weckt dieser Anblick die Sehnsucht, zu beten? Hören wir in diesen Momenten das Murmeln der Quelle, die zum lebendigen Wasser ruft? So wie Ignatius von Antiochien, der Märtyrer, schreibt: »Ein lebendiges Wasser murmelt in mir, sagt mir innerlich: Auf zum Vater« (Ad Rom 7, 2).

Die Sehnsucht nach dem Gebet ist das Locken des Heiligen Geistes in uns, der uns zum Vater zieht. Ja, diese Sehnsucht ist bereits Gebet, ist bereits das Gebet des Geistes Christi in uns, »mit unaussprechlichen Seufzern« (Röm 8,26).

Besorgt müssen wir freilich die Frage stellen, ob der *Boden* für das Gebet heute nicht austrocknet. Wird das verborgene »Murmeln« der Quelle des Heiligen Geistes nicht vom Lärm unserer Zeit übertönt? Kann das Gebet gedeihen, wenn, wie Neil Postman in seinem aufrüttelnden Buch »Wir amüsieren uns zu Tode« schreibt, der durchschnittliche Amerikaner fünfzehn Jahre seines Lebens vor dem Fernseher verbringt? Ist es ein kleiner Wink der Vorsehung, daß »zufällig« der Kanon, der die Zahl des apokalyptischen Tieres trägt, die Nummer *666* des CIC die Religiosen – und nur sie? – vor dem Mißbrauch der Massenkommunikationsmittel warnt und auf die möglichen Schäden für die eigene geistliche Berufung hinweist? Zweifellos gibt es in der heutigen Gesellschaft vieles, was dem Gebet abträglich ist.

Und doch dürfen wir *hoffen*, daß keine Säkularisierung den Ruf Gottes im Menschenherzen ganz übertönen kann. Wenn ich im Dom zu St. Stephan in Wien die zahllosen Kerzen sehe, die tagaus tagein beim Maria-Pötsch-Altar brennen, so denke ich, sie dürfen auch als sichtbares Zeichen dafür angesehen werden, daß das Gebet nicht stirbt. Denn das Gebet ist Ausdruck einer Sehnsucht, die nicht *wir* »produziert« haben, sondern die Gott selber ins Menschenherz gelegt hat. Das »fecisti nos *ad Te*« (»auf *dich hin* hast du uns geschaffen«) des hl. Augustinus findet hier seinen Ausdruck.

Die Kerzen im Dom, beim Gnadenbild der Mutter Gottes, sind *Zeugen der Hoffnung. Wer betet, hofft.* Denn wer nicht hoffen kann, gehört zu werden, kann auch nicht bitten. Wir bitten ja auch nur dann Menschen um etwas, wenn wir hoffen, daß unsere Bitte Aussicht hat, erfüllt zu werden. »Das Gebet ist Dolmetsch der Hoffnung«, sagt der hl. Thomas (II II, 17, 4, obj 3). Das ist das Thema unserer zweiten Betrachtung zu den theologischen Tugenden.

An unserem Beten können wir ermessen, wie es um unsere Hoffnung steht. Worum beten wir? Worauf hoffen wir? Gebet und Hoffnung sind deshalb so nahe verwandt, weil beide darum wissen, daß das, was wir erbeten und erhoffen, nicht in unserer Macht steht, sondern uns nur *geschenkt* werden kann.

Doch was dürfen wir erhoffen, und damit: wofür sollen wir beten? In seiner langen Quaestio über das Gebet – es ist die längste in der ganzen Summa – sagt der hl. Thomas: »Das Gebet ist gewissermaßen der Dolmetsch unserer Sehnsucht bei Gott. Wir erbitten daher im Gebet nur das auf rechte Weise, was wir rechterweise ersehnen dürfen. Im Herrengebet wird nicht nur um das gebetet, was wir rechterweise ersehnen, sondern es wird auch in der Ordnung und Reihenfolge gebetet, in der wir es erwünschen sollen. Daher lehrt dieses Gebet nicht nur zu bitten, es prägt auch unser ganzes Wünschen und Fühlen (*sit informativa totius nostri affectus*)« (II II q. 83, a. 9). Ein wunderbarer Satz: Das Vater-Unser prägt unser ganzes affektives Leben nach dem richtigen Maßstab, es setzt in unser Wünschen und Sehnen, und damit in unser Beten die richtigen Prioritäten.

Ist es sofort einsichtig, daß wir an erster Stelle, also auch mit der größten Sehnsucht, erhoffen sollen: »*Dein* Reich komme«, »*Dein* Wille geschehe«? Die Sorge um das tägliche Brot – wie viele Menschen bei uns bangen um ihren Arbeitsplatz oder haben ihn schon verloren!-, um das gute Auskommen miteinander (»vergib uns unsere Schuld ...«), vor allem aber die Bitte um die Bewahrung von Übel und Anfechtung, Bedrängnis und Ausweglosigkeit (»Führe uns nicht in Versuchung«, »Erlöse uns von dem Bösen«): alle diese Bitten, die mitten aus den Nöten unseres Lebens erwachsen, drängen sich in den Vordergrund, bedrängen unser Herz und sind daher meist unsere ersten, vordringlichsten Bitten.

Doch zeigt sich bereits darin, daß wir uns mit diesen Bitten *an Gott* wenden, daß wir die Hilfe in allen diesen Nöten tatsächlich von *Ihm* erwarten, also von Ihm *erhoffen*. Gebet ist »Hoffnung im Vollzug«, sagt Kardinal Ratzinger[4] ,denn »Beten ist die Sprache der Hoffnung«[5]. »Ein verzweifelter Mensch betet nicht mehr, weil er nicht mehr hofft; ein seiner selbst und seiner Macht sicherer Mensch betet nicht, weil er sich nur auf sich selber verläßt. Wer betet, hofft auf eine Güte und eine Macht, die über Sein eigenes Vermögen hinausgeht«[6].

Wenn wir wirklich um das beten, was in den vier Bitten des zweiten Teils des Vater-Unser erbeten wird, dann *hoffen* wir bereits, und diese Hoffnung geht über das Erbetene hinaus, sie richtet sich auf *Den* selber, den wir bitten: »*Dein* Name werde geheiligt; *Dein* Reich komme; *Dein* Wille geschehe ...« Und sie werden zum Ausdruck eines immer größeren Vertrauens, das es schließlich wagen kann, Gott »Vater Unser« zu nennen.

»*Informativa totius nostri affectus*« sei das Vater-Unser, sagt der hl. Thomas. Und tatsächlich hören wir immer wieder davon, daß Menschen durch das Vater-Unser-Gebet wirklich bis in die Wurzeln ihres Lebens hinein Heilung erfahren haben. Ich denke an den Freund Alexander Solschenizyns, Dimitri Panin[7] oder an Tatjana Goritschewa, die durch das Vater-Unser-Rezitieren die Gnade der Bekehrung erhielt. Ist unser *affectus* vom Vater-Unser geprägt, dann ist unser Wünschen und Sehnen heil und dem Wirken Gottes gemäß; dann wird aber auch unser Gebet immer wirksamer, weil wirklich dem Plan Gottes entsprechend, mit Gottes Vorsehung mitwirkend. Dann entspricht unser Beten dem »Trachten des Geistes«, der »nach dem Willen Gottes für die Heiligen eintritt« (Röm 8, 27).

Im »Compendium theologiae« sagt der hl. Thomas »Das Vater-Unser ist das Gebet, durch das unsere Hoffnung am meisten zu Gott aufgerichtet wird« (Comp. II, 3).

Was aber ist *die Hoffnung*? »Die Hoffnung ist jene göttliche Tugend, durch die wir uns nach dem Himmelreich und dem ewigen Leben als unserem Glück sehnen, indem wir auf die Verheißungen Christi vertrauen und uns nicht auf unsere Kräfte, sondern auf die Gnadenhilfe des Heiligen Geistes verlassen« (KKK 1817).

Ganz einfach sagt es Josef Pieper: »Die Hoffnung ist die vertrauend auslangende Erwartung der Ewigen Glückseligkeit in der schauend-umfangenden Teilhabe am dreifaltigen Leben«[8]. Noch einfacher Kajetan, Thomas kommentierend: *Spes sperat Deum a Deo* (Komm. zu II II, 17, 5). Die Hoffnung erwartet das ewige, unzerstörbare Glück von Gott selber. Sie erhofft nicht etwas, *sondern Ihn selber*, den Geber aller Gaben. Sie *schaut* noch nicht, sie *besitzt* noch nicht, und doch reicht sie »*in Gott hinein*«, ist gewissermaßen »in Gott vor Anker gegangen« und in Ihm »festgemacht«.

Wie der Glaube *gewiß* ist, weil er *Gott* glaubt, so enttäuscht die Hoffnung nicht (Röm 5, 5), weil sie *von Gott* voll Vertrauen erwartet, was Er verheißt. Diese sieghafte Gewißheit hat die Hoffnung *allein* aus Gott: »In *te*, Domine speravi, non confundar in aeternum«. Wie wunderbar hat Anton Bruckner diesen Schlußvers des Te Deum vertont!

Ist Gebet »Hoffnung im Vollzug«, dann sind die Schwierigkeiten und Gefährdungen des Gebetes auch Krisen der Hoffnung. *Desperatio* und *praesumptio, Verzweiflung* – als ein zu wenig an Hoffnung – und *Vermessenheit* – als falsche Hoffnungen – sind nach der Lehre der christlichen Meister die der Hoffnung konträren Fehlhaltungen.

Ich möchte hier auf eine der *Verzweiflung* nahe kommende Fehlform zu sprechen kommen, die besonders uns Geistliche bedrängt, unser geistliches Leben bedroht, den Schwung der Hoffnung raubt: die *Akedia*, der »geistliche Überdruß«, von der in der letzten Betrachtung des ersten Kapitels schon kurz die Rede war.

Was verstehen wir unter *der Akedia*? Sie ist dem Zorn und der Traurigkeit nahe verwandt. »Der Überdruß ist zunächst ganz allge-

mein *eine Atonie*, eine Art *Spannungsverlust* der natürlich Seelen-
kräfte, die den Menschen zu jeder Verteidigung gegen die ihn
mächtig anstürmenden ›Gedanken‹ unfähig macht. Aus diesem
Zustand allgemeiner Erschlaffung ergeben sich alle die

... Aspekte
des Überdrusses, das Gefühl der Leere und Langeweile, die
Unfähigkeit, den Geist auf etwas Bestimmtes zu fixieren, Ekel und
Wiederwillen vor allem und jedem, dumpfes Brüten, Mattigkeit
und Herzensangst ...«[9].

Die Akedia, bei den Alten auch »Mittagsdämon« genannt, weil
sie den Mönch besonders in den brütend-heißen Mittagsstunden
befällt, ist eine eigenartige Mischung aus *Frustration* und *Aggressi-*
vität: Widerwille gegen das *Vorhandene*, diffuses Träumen von
Nichtvorhandenem. Sie ist eine Art *Sackgasse* im Leben der Seele[10].

Nicht ohne Bestürzung lesen wir, wie die alten, erfahrenen
Mönche die Versuchungen der Akedia beschreiben, mit Ernst, auch
mit Selbstironie. Die Akedia zeigt sich durch eine Art geistiger
Trägheit, zugleich aber auch oft durch hektische Geschäftigkeit.
Flucht aus der eigenen Klosterzelle – so sieht der Drang bei den
Mönchen aus, doch läßt sich unschwer erkennen, wie solche Ake-
dia auch in unseren Lebenssituationen sich zeigen kann, *als Angst,*
mit sich selber alleine zu sein, als Furcht vor sich selber, vor der Stille.
Verbositas und curiositas, Geschwätzigkeit und Neugier sind die
»Töchter« der Akedia; innere Unruhe, fortwährende Sucht nach
dem Neuen als Ersatz für die Freude an Gott und seiner Liebe;
Unbeständigkeit im Leben und in den Vorsätzen; dazu kommen,
als weitere Triebzweige der Akedia, die geistliche Abstumpfung
(torpor) gegenüber den Dingen des Glaubens und der Gegenwart
des Herrn; der Kleinmut (pusillanimitas), die Aufgebrachtheit
(rancor) die heute so oft unter uns in der Kirche zu finden ist, bis
hin zur gewollten Bosheit (malitia).

Ist solcherlei nicht eine ständige Versuchung für uns, eine
Anfechtung durch den Dämon der Akedia? *Frustration* und *Ag-*
gression, sagten wir, in heutiger Terminologie. »Die Knochen eines

betrübten Mannes trocknen aus« (Spr 17, 22): sind wir nicht von solcher geistiger Trockenheit bedroht? Kommt vieles an Kirchenklage und Kirchenzorn nicht aus solcher Akedia? Sie bedroht unser Leben, indem sie die Seele im dumpfen Kreisen um sich selber versinken läßt. Sie zehrt das Gebetsleben aus, und raubt uns daher die Luft des geistlichen Lebens.

Gegen die Akedia, diese konkrete Form der *Hoffnungslosigkeit*, kennen die alten Meister vor allem *ein* Heilmittel: Ausharren, Geduld, »hypomonè« im wörtlichen Sinne – »Drunterbleiben« unter dem Joch. *Das Ausharren ist schon ein Ausdruck der Hoffnung*: nicht sich selber »Luftmachen« wollen durch allerlei Ausbruchs- und Fluchtversuche, die nicht aus den Fesseln der Selbstbezogenheit befreien, sondern oft noch tiefer in sie verstricken, sondern das »Harren auf Gott«, das im Gebet treu und geduldig nach Gott ausschaut. Solches Ausharren im Dunkel der Anfechtungen der Akedia ist wie ein Wandern im dichten Nebel: alles erscheint diffus, weglos, ausweglos. Doch dann reißen die Nebel plötzlich auf, die Sonne zehrt sie weg, und strahlender Tag leuchtet auf. So geht es mit der Anfechtung der Akedia. Plötzlich verschwindet sie, und zurück bleiben tiefer Friede und unsagbare Freude. Die Hoffnung hat gesiegt.

Im Leben des hl. Antonius gibt es eine Episode, die dieses Ausharren in Geduld bis zum »Zerreißen der Nebel« eindrücklich bezeichnet. Nach langer Zeit der Anfechtung fragt Antonius vorwurfsvoll: »Herr, wo warst du denn die ganze Zeit, warum bist du nicht sogleich erschienen, um meine Schmerzen zu lindern?« Da hört er die Antwort: »Ich war doch da, Antonius! Ich habe aber gewartet, um deinen Kampf zu sehen« (Vita Antonii c. 10).

Die Hoffnung, sagt P. Marie Eugène, »ist die Tugend des Voranschreitens im geistlichen Leben; der Motor, der es antreibt, das Flügelpaar, das es emporträgt«[11]. Während die Akedia immer auch mit *enttäuschter Eigenliebe* zu tun hat, also ein Laster der »Reichen« ist, die die ganze »Traurigkeit der Welt« zu spüren bekommen, hat *die Hoffnung* etwas mit der »*Armut im Geiste*« zu tun. Die große Lehrerin der Hoffnung an der Schwelle dieses an Verzweiflung reichen Jahrhunderts ist die hl. Theresia vom Kinde Jesu. Ihr »Weg der Kindschaft«, ihr »kleiner Weg« führt uns auf konkrete und lebendige Weise vor Augen, wie die Tugend der Hoffnung gelebt werden kann.

Auf die Frage:«Welchen Weg möchten Sie den Seelen weisen?« antwortet Thérèse ohne zu zögern: »Den Weg der geistlichen Kindschaft, den Weg des Vertrauens und des restlosen Sich-Überlassens [du total abandon]« (Letzte Gespräche, 17. Juli 1897).

Eine der bedeutendsten »Kurzfassungen« des »kleinen Weges« lautet: »*Nie* kann man zu großes Vertrauen zum Lieben Gott haben, der so mächtig und barmherzig ist. *Man erhält* von Ihm so viel, wie man von Ihm erhofft«.

Hoffnung heißt daher: *Groß* von Gott denken, Großes von Ihm erwarten. Die Voraussetzung dafür ist bei Thérèse die Liebe zu ihrer eigenen Armut: »*Jesus macht alles,* und ich tue nichts« (Brief an Céline, 6. Juli 1893). »Auch wenn ich alle Werke des heiligen Paulus vollbracht hätte, würde ich mich immer noch als ›unnützen Knecht‹ (Lk 17,10) fühlen, aber gerade das macht meine Freude aus, *denn wenn ich nichts habe,* werde ich alles vom lieben Gott empfangen« (Letzte Gespräche, 23. Juni 1897). Das heißt für Thérèse durchaus nicht, rein passiv zu sein. Arm sein heißt für sie, auch alles Können und Tun als Geschenk empfangen, auch das resolute Bemühen. Diese Armut läßt sie die ständige Verbindung mit Gott suchen: »In der Tat, *nie ist meine Hoffnung enttäuscht worden:* der liebe Gott hat meine kleine Hand zu füllen geruht, so oft es nötig war, um die Seelen meiner Schwestern zu nähren« (Selbstbiogr. Schr. MsC, 22 v°). Selten wurde so klar, so entschieden die erste Seligpreisung gelebt: »Selig die Armen im Geiste, denn ihnen gehört das Himmelreich« (Mt 5,3), d. h. Gott selber.

Zum Schluß noch einmal, dicht zusammengefaßt, *der kleine Weg:* »Gott gefällt, daß ich meine Kleinheit und meine Armut liebe, *meine blinde Hoffnung auf seine Barmherzigkeit (l'espérance aveugle en sa miséricorde) ... Das ist mein einziger Schatz. Warum sollte dieser Schatz nicht auch der Ihre sein?*« (Brief an Sr. Marie du Sacré-Coeur, 17. Sept. 1896).

Vierte Betrachtung
Die Freundschaftsliebe

Die Kirche Jesu Christi ist »Gemeinschaft des Glaubens, der Hoffnung und der Liebe«, so sagt das Konzil. »Für jetzt bleiben Glaube, Hoffnung, Liebe, diese drei, doch am größten unter ihnen ist die Liebe« (1 Kor 13, 13). *Sie* ist das innerste Leben der Kirche, denn Gott ist die Liebe, und Gott ist das Leben der Kirche.

Vieles könnten wir in diesem Zusammenhang betrachten. Ich darf in diesem abschließenden Abschnitt des IV. Kapitels dieser geistlichen Übungen den hl. Thomas von Aquin zum »Chorführer« nehmen, nachdem beim Thema der Hoffnung die kleine heilige Theresia unsere Anführerin war. Und hier wiederum möchte ich einen Text aus der *Summa* des hl. Thomas in die Mitte stellen, der, so scheint es mir, das *Herz* der ganzen theologischen Summa ist, der »Schlußstein«, der den ganzen Bau zusammenhält. Auch wenn von der Kirche darin nicht direkt die Rede ist, so geht es doch um *das innerste Lebensprinzip* der Kirche, aus dem heraus alle ihre *Lebensmanifestationen* ihre Kraft haben. Doch ehe wir uns der *quaestio 23* der IIa IIae der Summa zuwenden zwei »Motti« für unsere Betrachtung:

1. In der Nacht vor Seinem Leiden sagt der Herr zu seinen Jüngern: »Ich nenne euch nicht mehr Knechte; denn der Knecht weiß nicht, was der Herr tut. *Vielmehr habe ich euch Freunde genannt;* denn ich habe euch *alles mitgeteilt,* was ich von meinem Vater gehört habe« (Joh 15, 15).

2. Die hl. Theresia von Avila definiert die *oracion*, das innere Gebet:
»Meiner Ansicht nach ist das innere Gebet nichts anderes als ein
freundschaftlicher Umgang, bei dem wir oftmals ganz allein mit dem
reden, von dem wir wissen, daß Er uns liebt« (Vida 8, 5; KKK 2709).
»*Utrum caritas sit amicitia*« – Ist die Liebe Freundschaft?, so lautet
die erste und leitende Frage des hl. Thomas in seinem Traktat über
die göttliche Tugend der Liebe. Die nüchterne Sprache des *Doctor
communis* soll uns nicht täuschen: hier spricht ein *brennendes Herz*,
das freilich ganz »objektiv« ist, das selbstvergessen auf den *einzigen*
»Gegenstand« seiner Betrachtung schaut, auf Gott alleine, und auf
alles andere im Blick auf Gott oder von Gott her (vgl. I, 1, 7).

»Nicht jede Liebe ist Freundschaft«. Zur Freundschaftsliebe
gehören zwei unterscheidende Merkmale: die *benevolentia*, d. h.
für den anderen das Gute wollen; und die *mutua amatio*, die
Gegenseitigkeit der Liebe. Nicht jede Liebe hat diese Kennzeichen.
Freundschaft setzt eine gewisse *Gleichheit* voraus, und es gibt sie
nicht ohne gegenseitigen Austausch: »Der Freund ist dem Freunde
Freund« (amicus amico amicus), sagt Thomas mit Aristoteles: *Talis
mutua benevolentia fundatur super aliquam communicationem*
(»Ein solches gegenseitiges Wohlwollen gründet auf einer gewissen
Mitteilung«) (II II, 23, 1).

Doch gibt es zwischen Gott und Mensch die Möglichkeit einer
mutua amatio? Infiniti ad finitum nulla est proportio. Wie kann es
Freundschaft zwischen unendlich Verschiedenen geben? Die Antwort des hl. Thomas ist, so will mir scheinen, gewissermaßen der
»Angelpunkt«, der Schlüssel zur ganzen theologischen Summa:
*Cum ergo sit aliqua communicatio hominis ad Deum secundum
quod nobis suam beatitudinem communicat, super hanc communicationem oportet aliquam amicitiam fundari* – »Da es also eine
gewisse Mitteilung, eine Gemeinschaft des Menschen mit Gott
gibt, weil Gott uns seine Seligkeit mitteilt, gilt es, auf dieser
Gemeinschaft eine Freundschaft aufzubauen« (II II, 23, 1).

Es gibt eine *wirkliche* Mitteilung (communicatio) Gottes an den Menschen: Ein wirkliches Anteilhaben an Seinem Leben, Seiner Seligkeit (beatitudo). Gott schenkt sich selber, so daß wir auf diesem Geschenk *eine Freundschaft* aufbauen können.

Fundari amicitiam – ist das nicht Gottes ganzer Plan, von der Schöpfung angefangen bis zu der Stunde, da Jesus seinen Jüngern sagt: »Euch habe ich Freunde genannt, denn ich habe euch alles *mitgeteilt*, was ich vom Vater gehört habe« (Joh 15, 15).

Freundschaft ist das Teilen und Mitteilen dessen, was uns am kostbarsten ist. Jesus nennt die Jünger nicht mehr Knechte, »denn der Knecht weiß nicht, was sein Herr tut«; Er nennt sie Freunde, weil Er ihnen das innerste Geheimnis seines Lebens anvertraut hat: Seine Liebe zum Vater im Heiligen Geist. Sie werden seine Freunde, weil sie an diesem Geheimnis teilhaben, nicht nur im Wissen, sondern mit ihrem Leben.

Alles Wachsen im christlichen Leben, alles Wirken der Kirche hat seinen Sinn und sein Ziel in diesem *fundari amicitiam*.

Was aber ist es um diese *communicatio*? Mit anderen Worten: was ist die Anteilgabe an Gottes eigener Seligkeit, die uns die Freundschaft mit Gott ermöglicht? Es ist die *Gnade*, von der Thomas sagt: *gratia nihil aliud est quam quaedam inchoatio gloriae in nobis* – »die Gnade ist nichts anderes als ein gewisser Beginn der himmlischen Herrlichkeit in uns« (II II 24, 3, ad 2). Sie ist die Art und Weise, wie wir *jetzt schon* in der beglückenden *Lebensgemeinschaft* mit Gott sein können. Der hl. Paulus wird nicht müde, *die Herrlichkeit der Gnade zu loben* (Eph 1, 6), von deren »überfließendem Reichtum« zu sprechen (Eph 1, 7). Der hl. Dominikus, mein Ordensvater, wird als *praedicator gratiae* besungen, wie Augustinus als der *doctor gratiae* gilt. »*Tout est grâce*«, so faßt die kleine heilige Theresia das ganze Christliche Leben zusammen. Was aber ist die Gnade? Was diese *communicatio* Gottes selber an den Menschen, durch die wir *Freunde Gottes* werden können? Der hl. Thomas nähert sich dieser Frage von einer überraschenden Fragestellung her: *Petrus Lombardus*, der Magister sententiarum, hatte gesagt: Die Liebe (caritas) ist *der Heilige Geist selber*, der in der Seele wohnt. Wenn wir Gott lieben, so bewegt der Heilige Geist selber und unmittelbar unsere Liebe (II II, 23, 2).

Das klingt sehr »fromm«, doch wenn man es sich näher ansieht, sagt Thomas, dann gereicht es eher zum Schaden der Liebe. Denn dann wäre die Liebe in uns nicht *unsere* Liebe zu Gott, wir wären passiv Bewegte, nicht aktiv *selber* Liebende. Das ergäbe keine *Freundschaft*, wenn wir nicht *selber* und in Freiheit Gott lieben könnten. Damit es wirklich *Freundschaft mit Gott* geben kann, »muß unser Willen so vom Heiligen Geist zum Lieben bewegt werden, daß unser Willen auch *selber* diesen Akt bewirkt«.

Wie aber soll unser menschlicher Willen, unser menschliches Vermögen Akte hervorbringen, die wirklich Gott »erreichen« und berühren? Denn alle unsere menschlichen Akte sind getragen und ermöglicht von Fähigkeiten, die uns dazu geneigt machen (inclinant). Um Gott *lieben* zu können – und dasselbe gilt von Glaube und Hoffnung, bedürfen wir einer von Gott uns geschenkten, uns zu eigen gegebenen »Begabung« und Befähigung, die über unsere natürlichen Fähigkeiten hinausgeht und die uns zum Lieben *geneigt macht* (inclinans ad caritatis actum) und uns prompt und mit Freude lieben läßt.

Die Gnade macht uns zu Freunden Gottes, bzw. sie schafft das Fundament, auf dem es möglich ist, eine Freundschaft mit Gott aufzubauen (*fundari amicitiam*). Gott gibt uns Anteil an Seiner beatitudo, Seinem *Leben*, und so werden wir wirklich »Seinesgleichen«, können Seine Freunde werden.

Drei Ergänzungen zu dem bisher Gesagten möchte ich anfügen:

1. Nach dem hl. Thomas gilt, daß jede Tugend zu dem ihr gemäßen Handeln geneigt (inclinatio) macht, weshalb für ihn das Kennzeichen der Tugend eine gewisse Freude und Leichtigkeit ist. Von keiner Tugend gilt das mehr als von der Liebe: *nulla virtus habet tan-*

tam inclinationem ad suum actum sicut caritas, nec aliqua ita delectabiliter operatur – »Keine Tugend hat eine so starke Neigung, sich zu betätigen, wie die Liebe, und bei keiner anderen ist das Wirken so lustvoll« – (II II, 23, 2). Die Liebe liebt es, zu lieben, und nichts macht ihr mehr Freude als das. Keine Tätigkeit entspricht dem Menschen mehr als zu lieben, nichts ist freudvoller, erfüllender als die Liebe der Freundschaft mit Gott.

2. Der hl. Thomas lehrt, die Liebe sei *forma omnium virtutum*, sie gebe erst allen Tugenden *die Seele*, die Lebendigkeit. Hier sagt der hl. Thomas nichts anderes als der Apostel: ohne die Liebe sind alle, auch die noch so heroischen Tugenden *nichts*, also eigentlich auch *keine* Tugenden. »... und hätte die Liebe nicht ...« (1 Kor 13, 1 ff). Deshalb kann der hl. Thomas auch sagen, die Liebe sei das Lebensprinzip der Seele, wie die Seele das Lebensprinzip des Leibes ist (II, 23, 2, ad 2). Die Liebe ist deshalb auch das gottgeschenkte *Lebensprinzip* der Kirche. Sie ist auch deren Maß, an der alles an ihr und wir selber gemessen werden.

Johannes vom Kreuz sagt: »Am Abend unseres Lebens werden wir nach unserer Liebe gerichtet werden« (Dichos 64; KKK 1022). Mögen wir dann sagen können, was die kl. heilige Theresia inmitten der Leiden ihrer Agonie, wenige Augenblicke vor ihrem Tod, gesagt hat: »Je ne me repens pas de m'être livrée à l'Amour« – »Ich bedaure es nicht, mich der Liebe ausgeliefert zu haben« (Novissima Verba, 30. September 1897).

3. *Amor amicitiae*: Die Freundschaft, die Gott durch die Gnade ermöglicht, bewirkt eine gewisse »Konnaturalität« mit Ihm, eine Art »Verwandtschaft«, eine Vertrautheit, die nicht sensibler, spürbarer Art sein muß, die aber aus einem *Gespür für Gott* handelt und lebt. Die Gottesfreundschaft läßt uns, je tiefer sie wird, desto sicherer im Sinne Gottes urteilen und handeln; sie gibt jenes untrügliche Gespür für die Wahrheit und das Gute, die den »sensus fideli-

um«, den »übernatürlichen Glaubenssinn« des Volkes Gottes (LG 13) ausmacht. Der hl. Thomas spricht vom *indicium per connaturalitatem*. Es ist das rechte Urteil, das gute Gespür der »Kleinen« des Evangeliums für die Jesus den Vater preist (Mt 11, 25; 27). Thomas spricht auch vom *instinctus Spritus Sancti*, der treffsicher in Sachen des Glaubens, der Hoffnung und der Liebe das Richtige findet. Die Freunde Gottes sehen, verstehen, spüren alles »mit den Augen des Freundes«, sie erkennen mit dem Herzen Gottes.

Und noch ein letzter Gedanke: Wenn die Liebe Gottes uns zu seinen Freunden macht, dann auch zu Freunden *untereinander*. Wenn Jesus die Zwölf »Freunde« nennt, so kann das nicht ohne Folge für ihr Verhältnis untereinander bleiben. Und wie sollte unter denen, denen Christus Sein Kostbarstes anvertraut hat, nicht der *Geist der Freundschaft* herrschen?

In unserer Zeit, in der die Affektivität so vielfach verletzt ist, in der auch unter den Gläubigen und unter uns Priestern so viele an solchen Verletzungen leiden, bekommt das Thema der *Freundschaft in Christus* eine neue Dringlichkeit. Die Gemeinschaft mit Christus, *Seine Freundschaft*, versöhnt nicht nur den Menschen mit Gott, befreit von den Sünden und heilt ihre Folgen, sie heilt auch – wenn auch nur mit viel Geduld – die Beziehungen untereinander. Die *Freundschaft* spielt hier eine wesentliche Rolle. Sie ist heute durch alle möglichen Fehlformen gefährdet, Oberflächlichkeit, generelle Erotisierung, Sexualisierung, emotionale Verarmung. Umso deutlicher zeigt sich die Schönheit und die Heilkraft der christlichen Freundschaft.

Sie hat ihren Platz zwischen den Eheleuten, denn die eheliche Liebe bedarf, um zu wachsen und zu dauern, der Freundschaftsliebe. Aber auch im Leben des Ehelosen, ob freiwillig oder unfreiwillig, ist die Freundschaft der Weg der Heilung und der Entfaltung des Herzens. Jacques Maritain schreibt einmal an Julien Green den schönen Satz: »Dieu demande à certaines personnes de devenir eunuques pour le royaume, mais il ne leur demande pas de s`amputer le coeur« – »Gott verlangt von manchen Menschen, daß sie um des Reiches willen Eunuchen werden, er verlangt aber nicht von ihnen, sich das Herz zu amputieren«[12] .

Damit das Herz aber zur Freundschaft in Christus fähig wird, bedarf es der Läuterung. Es muß zum *amor benevolentiae* heranreifen, frei werden von *amor concupiscentiae*, der den anderen für sich besitzen, haben will. Ein untrügliches Zeichen solcher Freundschaft in Christus ist ihre Fähigkeit, Freundschaft weiterzugeben, das Netz der Freundschaften weiter zu spannen. *Madeleine Delbrêl* spricht von der Kirche als dem *Fischernetz Petri*: geknüpft aus vielen Freundschaften in Christus, und durch Ihn kann es ausgeworfen werden zum wunderbaren Fischfang.

Die Sünde hat der Welt den Geschmack des Todes gegeben; die Kirche bringt der Welt den Geschmack am Leben zurück. Die hl. Katharina sagt: »Wir können ohne Liebe nicht leben, denn wir sind aus dem Stoff der Liebe« (Dialog, Nr. 51 und Nr. 10). Heute sind es gläubige Familien und Eheleute, die in den Menschen unserer Zeit wieder die Sehnsucht wecken, das Leben weiterzugeben. Die Kirche ist aber auch gerufen, in unserer Welt der unerbittlichen Konkurrenz und Rivalität den Geschmack der *Freundschaftsliebe* wieder zu wecken. »Die eheliche Liebe ist eine Quelle, die das Leben weitergibt; die Freundschaftsliebe ist ein ›Lebenselixier‹ (Sir 6, 16), d. h. sie schenkt Freude daran, weiter zu leben«[13].

»Durch die Liebe in der Ehe und in der Freundschaft sät unser christliches Leben, unsere Gemeinschaften der Kirche, in die Welt den Geschmack am Leben, an der *Hoffnung*, daß unser Leben nicht seiner Zerstörung, sondern der endgültigen Herrlichkeit der himmlischen Hochzeit entgegengeht«[14].

Kapitel V

Die Kirche wird am Ende der Zeiten in Herrlichkeit vollendet werden

Erste Betrachtung

Die pilgernde Kirche

»Die Kirche ... wird erst in der himmlischen Herrlichkeit vollendet werden« (LG 48), bei der Wiederkunft Christi in Herrlichkeit. Bis dahin »schreitet die Kirche auf ihrer Pilgerschaft dahin zwischen Verfolgungen der Welt und Tröstungen Gottes« (Augustinus civ. 18, 51). Hier auf Erden weiß sie sich fern vom Herrn in der Fremde und sehnt sich nach dem vollendeten Reich, »danach, mit ihrem König in Herrlichkeit vereint zu werden« (LG 5). Zur Vollendung der Kirche und durch sie zur Vollendung der Welt in Herrlichkcit wird es nicht ohne große Prufungen kommen. Erst dann werden »alle Gerechten, ›von Adam an, von dem gerechten Abel bis zum letzten Erwählten‹, in der allumfassenden Kirche beim Vater versammelt werden« (LG 2) (KKK 769).

In diesen Worten des Katechismus klingen alle Themen an, die im letzten Kapitel unseres Weges der geistlichen Übungen Gegenstand unserer Betrachtung sein sollen: Die Kirche ist noch nicht vollendet, sie *pilgert* auf Erden, »fern vom Herrn« (1). Doch fehlen ihr auf diesem Weg nicht »die Tröstungen Gottes«: sie lebt in der *communio sanctorum* (2). »Nicht ohne große Prüfungen« wird sie zur Vollendung gelangen. Von diesen soll die Rede sein, wenn wir auf das bevorstehende große Jubiläum blicken (3). Sie sehnt sich danach, mit ihrem Herrn und König, ihrem Bräutigam vereint zu werden. Das wird Thema unserer letzten Betrachtung sein (4).

Das siebte Kapitel von *Lumen Gentium* gehört zu den wenig betrachteten Teilen der Kirchenkonstitution. Und doch ist es in gewisser Weise der Schlüssel zum zweiten Kapitel über das Volk

Gottes. Das Bild vom wandernden Gottesvolk wäre »blind«, wenn auf das *Ziel* dieser Wanderschaft vergessen würde. Noch ist das Ziel nicht erreicht, noch ist die Kirche unterwegs. Aber sie weiß um ihr Ziel, sie streckt sich danach aus, *sie sehnt sich nach Christus.*

In meiner Jugend sang man häufig ein Kirchenlied, bei dem – so war mein Eindruck – immer eine besonders innige Atmosphäre spürbar war: »Wir sind nur Gast auf Erden und wandern ohne Ruh‹ mit mancherlei Beschwerden der ewigen Heimat zu« – so lautete die erste Strophe. Das Lied ist weitgehend außer Gebrauch gekommen. Der Vorwurf war zu hören, der Text spräche in einem Geist der Weltflucht, »fuga mundi«, jetzt gelte es, sich *dieser* Welt zuzuwenden. Zu lange wurde uns – etwa von marxistischer Seite – vorgeworfen, wir Christen vertrösteten die Menschen auf das Jenseits, auf ein Glück nach dem Tod, statt das Unglück vor dem Tod zu bekämpfen, das Leid zu beseitigen. Genau da zeige sich, daß die Religion »das Opium des Volkes« sei.

Etwas Eigenartiges hat sich in den vergangenen Jahren ereignet: Es ist den Christen der Himmel abhanden gekommen! Von der Sehnsucht nach dem Himmel, von der »himmlischen Heimat« ist kaum mehr die Rede. Es ist, als hätten die Christen die *Orientierung* verloren, die ihnen jahrhundertelang die Richtung ihres Weges gewiesen hat. Wir haben vergessen, daß wir Pilger sind, und daß das Ziel unserer Pilgerschaft der Himmel ist. Damit verbunden ist ein anderer Verlust: Es fehlt uns weithin das Bewußtsein, daß wir auf einem *gefahrvollen* Pilgerweg sind, und daß wir das Ziel verfehlen, unser Lebensziel nicht erreichen können. Um es pointiert zu sagen: wir sehnen uns nicht nach dem Himmel und halten es für selbstverständlich, dorthin zu gelangen.

Diese Diagnose mag überspitzt, übertrieben sein. Ich fürchte nur, daß sie im Kern zutrifft.

Die Osterbotschaft der Kirche sagt dagegen: »Ihr seid mit Christus auferweckt; darum strebt nach dem, was im Himmel ist, wo Christus zur Rechten des Vaters sitzt« (Kol 3, 1). »Ich sehne mich danach, aufzubrechen und bei Christus zu sein« (Phil 1, 23). Diese tiefe, drängende Sehnsucht strebt nicht nach irgendeinem »Leben nach dem Tode«, sondern ist der Wunsch, »bei *Christus* zu sein«, mit Ihm zu leben, »daheim beim Herrn zu sein«:

»Wir sind also immer zuversichtlich, auch wenn wir wissen, daß wir fern vom Herrn *in der Fremde* leben, solange wir in diesem Leib zu Hause sind; denn als Glaubende gehen wir unseren Weg, nicht als Schauende. Weil wir aber zuversichtlich sind, ziehen wir es vor, aus dem Leib auszuwandern und *daheim beim Herrn zu sein*« (2 Kor 5, 6-8).

Daheim! Das Wort *Heimat*, zu Hause, ist für so viele, die ihre Heimat verloren haben, ein Sehnsuchtswort. Im Deutschen hat das Wort »*Heimat*« eine starke gefühlsbetonte, fast innige Note, die in »patria«, in »patrie« nicht mitschwingt. »Heimat«, das ist nicht nur eine bestimmte Landschaft, ihre Sprache, ihre vertrauten Orte, sondern das sind vor allem die Menschen, die dort leben. Wo niemand mehr lebt, mit dem man vertraut war, Freunde, Nachbarn, Bekannte, dort ist auch die *Heimat* gestorben, selbst wenn die Landschaft geblieben ist. Wie oft haben Künstler in unserem Jahrhundert den Schmerz über *den Verlust der Heimat* thematisiert. Wie viele Menschen haben das bittere Brot des Exils gegesssen.

Die Kirche ist dagegen *Verheißung von Heimat*. Wer die Kirche gefunden hat, der hat den Weg nach Hause gefunden. Paulus spricht von dieser neuen Heimat: »*Unsere* Heimat (politeuma) ist im Himmel« (Phil 3, 20), und sie ist dort, weil wir *dort unsere wahre Familie* finden. Deshalb sagt Paulus den Gläubigen in Ephesus »Ihr seid nicht mehr Fremde ohne Bürgerrecht, sondern *Mitbürger* und *Hausgenossen* Gottes« (Eph 2, 19). Und wir haben eine Mutter gefunden: »Das himmlische Jerusalem ... ist unsere Mutter« (Gal 4, 26). Heimat – das heißt auch: eine *Wohnung* haben: »Im Hause meines Vaters gibt es viele Wohnungen ... Ich gehe, um einen Platz für euch vorzubereiten. Wenn ich gegangen bin und einen Platz für euch vorbereitet habe, komme ich wieder und werde euch zu mir holen, damit auch ihr dort seid, wo ich bin« (Joh 14, 2-3).

Die Kirche ist deshalb zuerst eine »himmlische Realität«. Da sie ihren Ursprung im Leben Gottes selbst, in der Einheit der Heiligsten Dreifaltigkeit hat, ist die Kirche, nach einem Wort von Hans Urs von Balthasar, »zunächst eine vom Himmel in die Zeit gestiftete Realität«[1]. Das Fundament der Kirche ist »oben«, weshalb der hl. Augustins sagt: »Wenn unser Fundament (d. h. Christus) im Himmel ist, werden wir zum Himmel hinauf gebaut ..., denn wir werden geistig gebaut. Unser Fundament liegt oben. Eilen wir also dahin, wo wir gebaut werden« (En. in Ps. CXXI, 4).

Dieser sehnsuchtsvolle Ausblick auf die himmlische Heimat ist keine Flucht vor irdischer Verantwortung. Im Gegenteil: die Hoffnung auf den Himmel, auf die volle Gemeinschaft mit Christus »und allen Engeln und Heiligen« ist geradezu der *Motor*, der Antrieb für das christliche Engagement in dieser Welt. Christliche Hoffnung auf das Kommen des Reiches Gottes erbittet beides von Gott: daß Sein Reich in Herrlichkeit komme, oder, wie die *Didache* betet, »daß die Welt vergehe und die Gnade komme« (Didache 10, 6); und daß Sein Reich *hier* bereits beginne.

Die *Konsequenzen* dieser Sicht der Kirche als *Himmlischer Heimat* seien im Folgenden angesprochen; von weiteren Ausfaltungen wird in den drei anderen Betrachtungen dieses Kapitels die Rede sein.

1. In LG 48 steht ein erstaunlicher Satz: »Bis es einen neuen Himmel und eine neue Erde gibt, in denen Gerechtigkeit wohnt (vgl. 2 Petr 3, 13), trägt die pilgernde Kirche in ihren Sakramenten und Einrichtungen, *die noch zu dieser Weltzeit gehören*, die Gestalt dieser Welt, die vergeht, und zählt selbst so zu der Schöpfung, die bis jetzt noch seufzt und in Wehen liegt und die Offenbarung der Kinder Gottes erwartet (vgl. Röm 8, 19-22)« (LG 48; KKK 671).

Das »Pilgerkleid« der Kirche gehört zu *dieser Welt*, zur Gestalt *dieser* Welt, die vergeht. Wie es im Himmel kein Ehesakrament mehr geben wird (Mt 22, 30), so gehört die ganze sakramentale und institutionelle Ordnung der Kirche zur Zeit der Pilgerschaft. *Bleiben* wird, was Sakramente und Institutionen an göttlichem Leben bezeichnen und bewirken, *vergehen* wird die Gestalt der Zeichen.

Wird die Ausrichtung der Kirche auf ihre ewige Heimat nicht oder zu wenig thematisiert, dann besteht eine *doppelte Gefahr*, die heute deutlich sichtbar ist:

a) *Einerseits* werden die »etablierten« Aspekte der Kirche überbewertet: ihre Institutionen, ihre Organisation bekommt zu viel Gewicht. Ein oft erschreckend pragmatisch-horizontales Kirchenverständnis verbreitet sich. Die Kirche wird zu sehr als menschliches Werk, zu wenig als Ort der Gnade gesehen. Manches Seufzen und Klagen, manche Aufgebrachtheit gegen die Kirche, mancher Zorn, manche Enttäuschung über die Kirche kommen daher. Sähen wir unseren Weg als *Pilgerweg* der Kirche, als ein »Seufzen und in Wehen liegen« mit der ganzen Schöpfung, dann wäre vieles leichter und freudiger zu ertragen, nämlich als Mühen und Nöte in der Konsequenz der Pilgerschaft. Das Wissen um unsere irdische Pilgerschaft bewahrt uns auch vor den Utopien einer hier auf Erden bereits idealen und vollendeten Kirchen; davon wird in der dritten Betrachtung dieses Kapitels noch die Rede sein.

b) *Anderseits* besteht heute die Gefahr, daß vor lauter Betonung des Institutionellen zuwenig gesehen wird, daß die *sakramentale Pilgergestalt* der Kirche die *ganzen Reichtümer der himmlischen Heimat bereits in sich trägt*, wenn auch »in irdenen Gefäßen« (2 Kor 4, 7).

»Ohne Zweifel ist die Kirche auf Erden eine weitgehend auch irdisch sichtbare Wirklichkeit wie wir Menschen, die wir uns zu ihr bekennen, wie auch Jesus Christus es war, als er auf Erden wandelte. Aber wie es bei Jesus Christus sich verhielt, so ist es auch bei der Kirche; *das Wichtigste an ihr* bleibt unsichtbar, so wie die Gottheit des auf Erden wandelnden Christus unsichtbar und nur für den Glauben zugänglich war«[2].

»Die Kirche steht in der Geschichte, gleichzeitig aber auch über ihr. Nur ›mit den Augen des Glaubens‹ (Catech. R. 1, 10, 20) vermag man in ihrer sichtbaren Wirklichkeit auch eine geistige Wirklichkeit wahrzunehmen, die Trägerin göttlichen Lebens ist« (KKK 770).

Die Sakramente sind das deutlichste Beispiel für diese Notwendigkeit, die Kirche »mit den Augen des Glaubens« zu sehen. Der hl. Augustinus spricht von der *humilitas sacramentorum,* von der *Demut der Sakramente,* wenn er etwa das geistige Ringen des gelehrten Marius Victorinus beschreibt, der fürchtete, vor den Angesehenen seiner Zeit lächerlich zu sein, wenn er sich der Taufe unterzieht, bis er mehr zu fürchten begann, Christus könnte ihn einst vor seinen Engeln verleugnen, wenn er sich jetzt fürchtete, Ihn vor den Menschen zu bekennen. Und so überwand er die Scham vor »den Sakramenten der Demut deines Wortes *(humilitatis Verbi* tui)« (Conf. VIII, 2, 4). Und wie schön spricht Augustinus über seinen Freund Alypius, der mit ihm und Adeodatus zur Taufe bereit war, denn »er besaß bereits die Demut, die Deinen Sakramenten angemessen ist« (*induto humilitate sacramentis tuis congrua*; Conf. IX, 6, 14).

Die *superbia,* die die Demutsgestalt der Gnade Christi in den Sakramenten nicht akzeptieren will, kann viele Gestalten annehmen, nicht nur die des intellektuellen Stolzes, gepaart mit Menschenfurcht, des Marius Victorinus. Häufig ist heute die Versuchung, mehr das *Erlebnis,* die *Erfahrung* als die schlichte Hingabe des Glaubens zu suchen. »Wer um jeden Preis erleben will, denkt mehr an sich als an Gott; wer sich glaubend und liebend in das kirchliche Wort und Geschehen versenkt – zum Beispiel in das, was das eucharistische Hochgebet wirklich sagt –, der ist auf Gott ausgerichtet und wird von ihm ergriffen, ohne es eigens anzustreben«[3].

Es gibt eine noch subtilere Versuchung, der *humilitas sacramentorum* auszuweichen: von der *sichtbaren* Gestalt der Kirche in ihren Sakramenten und Institutionen zu erwarten, daß sie »die Menschen überzeugen«, daß sie beeindrucken durch ihre Stärke und Kompetenz, ihre Schönheit, ihren geschichtlichen Glanz. *Anziehend* solle sie sein, *gewinnend*, Zustimmung solle sie finden. *Diese* Versuchung kann sich in einer »Mediengesellschaft« geradezu zur Obsession auswachsen: öffentliche, mediale Anerkennung wird dann zum Maßstab. »Wenn es aber wahr ist, daß der ursprüngliche Sinn kirchlicher Institutionen die Ermöglichung verborgenen göttlichen Lebens ist, dann ist von Institutionen auch gar nicht zu erwarten, daß sonderlich anziehende und apologische Wirkung von ihr ausgeht. Nicht wegen der kirchlichen Institutionen werden sich die Menschen zur Kirche bekehren, denn sie sind nur Zeichen und Schutzmaßnahmen für etwas primär Unsichtbares, das Heil Gottes, das verborgen darin wirkt«[4].

Und auch hier zeigt sich das Überraschende: wer nicht wie gebannt auf den Erfolg der kirchlichen Institutionen schaut, sondern das in ihnen verborgene unsichtbare Heil sucht, der wird immer wieder« etwas von dem »*omnis gloria eius ab intus*« (»all ihre Herrlichkeit kommt von innen«) der Kirche auch in ihren äußeren Einrichtungen aufstrahlen sehen.

Wer den Erfolg der Kirche in ihren Institutionen sucht, wird leicht enttäuscht, ja verbittert; er erhofft sich die Frucht von der Schale, verwechselt die harte Schale mit der Frucht, die sie schützt und enthält. Anderseits hilft es uns, die Mühen des Alltags unserer kirchlichen Institutionen zu tragen und zu ertragen, wenn wir die Institutionen als die notwendige Schale des Fruchtkerns erkennen. Dieser demütige Dienst an der Pilgergestalt der Kirche – wie viele tun gerade hier, im Vatikan, jahraus jahrein treu solche Dienste, unbeachtet und ohne Glanz! – kann von innen her zu leuchten beginnen, wenn Glaube, Hoffnung, Liebe ihn beseelen. Der »Kleine Weg« der kleinen Heiligen Theresia kann den Alltag unserer kirchlichen Institutionen aufleuchten lassen. *Dann* geschieht Kirchenreform, jene Erneuerung, die allein die Kirche auf ihrer Pilgerschaft verjüngt, und von der der hl. Irenäus sagt: »Wie ein kostbarer Schatz, der in einem ausgezeichneten Gefäß verschlossen ist, wird *der Glaube* durch die Wirkung des Geistes Gottes *immer verjüngt und verjüngt das Gefäß das ihn enthält*« (Adv. haer. 3, 24, 1; KKK 175).

Zweite Betrachtung
Gemeinschaft der Heiligen

»Was ist die Kirche anderes als die Versammlung aller Heiligen?« so sagt Nicetas von Remesiana. Und er erklärt diese Aussage in einer Weise, die wie eine Zusammenfassung unseres bisherigen Exerzitienweges klingt:

»Seit dem Beginn der Welt bilden die Patriarchen ..., die Propheten, die Märtyrer und alle Gerechten ... *eine einzige Kirche*, denn da sie durch ein und denselben Glauben und mit ein und demselben Leben geheiligt und mit dem Zeichen ein und desselben Geistes bezeichnet sind, bilden sie einen einzigen Leib. Als das Haupt dieses Leibes wird Christus bezeichnet, wie geschrieben steht. Doch noch mehr. *Selbst die Engel*, die himmlischen Mächte und Gewalten sind *Glieder dieser einzigen Kirche* ... Glaube also, daß in dieser einen Kirche zur Gemeinschaft der Heiligen gelangen sollst. Wisse, daß diese Katholische Kirche *eine* ist, auf dem ganzen Erdkreis errichtet; du mußt entschieden an ihrer Gemeinschaft festhalten« (Expl. Symboli 10; PL 52, 871).

Unsere zweite Betrachtung dieses letzten Kapitels ist der »communio sanctorum« gewidmet. Sie ist *einer* der Namen der Kirche. Sie bezeichnet eben jene »Lebenseinheit« mit Christus (KKK 426), die wir in diesem kleinen Buch als *das Lebensgeheimnis* der Kirche betrachten.

»Der Ausdruck ›Gemeinschaft der Heiligen‹ hat zwei Bedeutungen, die eng miteinander zusammenhängen: ›Gemeinschaft an den heiligen Dingen‹ (sancta) und ›Gemeinschaft zwischen den heiligen Personen‹ (sancti)« (KKK 948).

Beide Bedeutungen sind in einem Ruf der ostkirchlichen Liturgien, den der Zelebrant ausruft, wenn er von der hl. Kommunion die eucharistischen Gaben emporhebt: »Ta hagia tois hagios; Sancta sanctis!« – »Die Gläubigen (sancti) werden durch den Leib und das Blut Christi (sancta) genährt, um in der Gemeinschaft (koinonia) des Heiligen Geistes zu wachsen und sie der Welt zu vermitteln« (KKK 948).

Beginnen wir bei der zweiten Bedeutung. An sie wird heute meist gedacht, wenn von der »Gemeinschaft der Heiligen« die Rede ist[5]. »Gemeinschaft der Heiligen« – das bedeutet zuerst einmal, daß zwischen *allen*, die zu Christus gehören, zwischen *allen* Gliedern Seines Leibes *Lebensgemeinschaft* besteht. Das Konzil sagt (in LG 48):

»Bis der Herr kommt in seiner Majestät und alle Engel mit ihm (vgl. Mt 25, 31) und nach der Vernichtung des Todes ihm alles unterworfen sein wird (vgl. 1 Kor 15, 26-27) pilgern die einen von seinen Jüngern auf Erden, die anderen sind aus diesem Leben geschieden und werden gereinigt, wieder andere sind verherrlicht und schauen ›Klar den dreieinen Gott selbst, wie er ist‹« (LG 49; KKK 954).

Die Kirche hört an der Schwelle des Todes nicht auf. Sie ist Gemeinschaft *aller* in Christus Lebender. Das Bewußtsein der Einheit der irdischen mit der himmlischen Kirche ist heute oft allzu geschwächt. Und doch ist dies eine *wesentliche* Dimension der Kirche. Wird diese Gemeinschaft mit den in Christus Vollendeten wachen Sinnes gelebt, dann bekommt unser Kirchenbewußtsein eine ganz andere Weite und Zuversicht, als wenn es nur auf die jetzt und hier Lebenden beschränkt bleibt. »Kirche sind wir alle«, so lautet ein »Slogan« einer Protest – und Reformbewegung in meiner Heimat. Ja, unter der Voraussetzung, daß »wir alle« wirklich *alle* umfaßt, die zu Christus gehören, diesseits und jenseits der Grenze des Todes. Es ist eine schreckliche Verarmung, ja Verstümmelung der Kirche, wenn sie nur mehr als das »Wir« der jetzt gerade hier sichtbar Versammelten gesehen wird. Ist es nicht im Gegenteil das Herrliche, unerschöpflich Lebendige der Kirche, daß wir *alle* in der *Communio Sanctorum* einander die Hand reichen, für einander dasein können, über alle Zeit- und Raumgrenzen hinweg? Die vor uns gelebt und geglaubt haben, sind nicht weniger Kirche als wir Heutigen. Die Gemeinschaft mit ihnen kann nicht *real* genug gesehen werden. Das Konzil dazu:

»Alle nämlich, die Christus zugehören und seinen Geist haben, wachsen zu der einen Kirche zusammen und sind in Ihm miteinander verbunden. Die Einheit der Erdenpilger mit den Brüdern, die im Frieden Christi entschlafen sind, hört keineswegs auf, wird viel mehr nach dem beständigen Glauben der Kirche gestärkt durch die Mitteilung geistlicher Güter. *Dadurch nämlich, daß die Seligen inniger mit Christus vereint sind,* festigen sie die ganze Kirche stärker in der Heiligkeit, erhöhen die Würde des Gottesdienstes, den sie auf Erden Gott darbringt, und tragen auf vielfältige Weise zum weiteren Aufbau der Kirche bei. ... Durch ihre brüderliche Sorge findet also unsere Schwachheit reichste Hilfe« (LG 49; vgl. KKK 954, 955, 956).

Nochmals: das hier Gesagte kann nicht *real* genug genommen werden. Die in Christus Vollendeten, die Heiligen des Himmels, sind *inniger mit Christus vereint* als sie es auf Erden waren. Wie sollte da ihr ganzes Sein nicht in Jesus Für-uns-Sein hineingenommen sein? Die Hilfe vom Himmel her – »reichste Hilfe«, sagt das Konzil – ist wie ein unsichtbarer, aber mächtiger Lebensstrom. Die kleine heilige Theresia wußte darum und sprach davon mit Kühnheit: »Wenn Gott meine Wünsche erhört, wird sich mein Himmel bis zum Ende der Welt auf Erden ereignen. Ja, ich will meinen Himmel damit verbringen, auf Erden Gutes zu tun« (Dern. Entretiens 7.7.).

»Am Ende ihres Lebens sagte man zu ihr: ›Sie werden vom Himmel aus zu uns *herunterschauen*, nicht war?‹ Darauf antwortete sie spontan: ›Nein, ich werde *herunterkommen*!‹ » (Derniers Entretiens 9.1.).

Was Theresia hier spontan sagt, entspricht der Vision des Apostels auf Patmos, dem der Engel »die heilige Stadt Jerusalem« zeigte, »wie sie von Gott her aus dem Himmel herabkam, erfüllt von der Herrlichkeit Gottes« (Offb 21, 10-11).

Was Thérèse von sich sagt, gilt von der ganzen himmlischen Kirche: Sie ist als ganz mit Christus vereinte auch die ganz mit Ihm zu uns Kommende. Die Apokalypse nennt Ihn »der Kommende« (Offb 1, 4). So kommt mit Ihm auch der Himmel auf Erden.

Kühn ist auch das andere Wort der kleinen Theresia: »Im Himmel *muß* Gott meine Wünsche erfüllen, weil ich auf Erden nie meinen Willen getan habe« (Derniers Entretiens, 13.7.2).

Maria, die auf Erden nur Seinen Willen getan hat, ist »eben deshalb im Himmel die Aktivste«[6].

Communio sanctorum, das bedeutet, daß der Himmel der Erde nahe ist, daß Jesu Wort: »Ich bin bei euch alle Tage ...« alle umfaßt, die Jesus zum Vater heimgebracht hat: »Seht, ich und die Kinder, die Gott mir geschenkt hat« (Hebr 2, 13). Er ist stets bei uns mit *allen*, die mit Ihm sind.

Wie wirkt sich diese helfende Nähe der Heiligen des Himmels auf die Kirche aus? Müßte sie nicht ständig Fortschritte machen? Müßte sie nicht immer siegreicher sein, von einer immer größeren Schar von Heiligen gestärkt? Müßte nicht die Kirche sich deutlich und sichtbar entfalten unter so mächtigem »Schutz und Schirm« von oben? Erweist sich die »Communio sanctorum« nicht als ohnmächtig, gar als fromme Täuschung?

Die Gegenfrage an uns muß lauten: Was erwarten wir von den Heiligen des Himmels, unseren schon vollendeten und doch um uns voll Liebe besorgten Brüdern und Schwestern? Daß durch ihr Wirken alle Widrigkeiten beseitigt werden, daß die Kirche sich überall strahlender Anerkennung erfreue? Wird nicht heute oft von der Kirche gar nicht mehr erwartet, was ihr eigentliches Leben ist? Wird – auch innerhalb der Kirche – nicht das, was sie eigentlich zu vermitteln hat: die Gotteskindschaft, die Gnade, die »Lebenseinheit« mit Christus, als uninteressant, als unwichtig übersehen, während gleichzeitig in sie Erwartungen gesetzt werden, die sie nur enttäuschen kann[7] : daß sie eine »heile *Welt*« biete, in der vom Umweltschutz über die menschlichen Beziehungen bis hin zur öffentlichen Anerkennung alles »stimmt« und »paßt«?

Da die Kirche in ihren Institutionen und Sakramenten zu *dieser* Weltzeit gehört und mit ihr »seufzt und in Wehen liegt«, bleibt sie solchen rein menschlichen Erwartungen gegenüber auch immer neu enttäuschend. So kommt es zur empörten, aufgebrachten Abwendung von der Kirche, weil sie nicht die erwartete »heile Gesellschaft« ist. Kommt die große Apostasie in unseren reichen Ländern nicht auch daher, daß die *communio sanctorum* als der eigentliche Schatz der Kirche nicht mehr geschätzt, zu wenig verkündigt wird?

Das Wachstum, die Hilfe, die uns vom Himmel her geschenkt werden, kommen durch die Gemeinschaft der *himmlischen* Güter zustande. Die Gemeinschaft der Heiligen in Christus wächst durch die Gemeinschaft in den heiligen Gaben, den *sancta*. Nirgendwo ist dies deutlicher als in der Feier der Eucharistie, in der Christus zugleich die Gabe und der Geber ist: »Denn nichts anderes wirkt die Teilhabe an Leib und Blut Christi, als daß wir in das übergehen, was wir empfangen« (Leo d. Gr., zitiert in LG 26).

In der Feier der Eucharistie sind Himmel und Erde, himmlische und pilgernde Kirche versammelt. Wird oft und deutlich genug verkündigt, daß wir die Eucharistie *wirklich* »mit allen Engeln und Heiligen« feiern? »Ohne ihr Dabeisein wird keine Eucharistie auf Erden gefeiert«[8]: im »Communicantes« des römischen Hochgebetes, auch im »Nobis quoque peccatoribus« verbinden wir uns »vor allem mit Maria, der glorreichen allzeit jungfräulichen Mutter unseres Herrn und Gottes Jesus Christus«, mit dem hl. Josef und den Aposteln, den Märtyrern und allen Heiligen. In Gemeinschaft mit ihnen feiern wir Eucharistie. Besonders eindrucksvoll kommt die *communio sanctorum* im Gebet »supplices te rogamus« zum Ausdruck: »Dein heiliger Engel trage diese Opfergabe auf deinen himmlischen Altar vor deine göttliche Herrlichkeit; und wenn wir durch unsere Teilnahme am Altar den heiligen Leib und das Blut deines Sohnes empfangen, *erfülle uns mit aller Gnade und allem Segen des Himmels«.*

Auch hier gilt es wieder, alles wörtlich und real zu verstehen: wenn wir von dem *einen* Altar, dem irdischen und himmlischen, die *eine* Gabe empfangen, Leib und Blut Christi, dann werden wir wirklich »omni benedictione coelesti et gratia« erfüllt.

Communio sanctorum – das ist die Gemeinschaft all derer, die wie Christus und mit Ihm *füreinander einstehen.* Kirche als *communio sanctorum* ist daher nicht irgend eine Sondergruppe unter anderen, viel mehr ist sie die Mitte der Menschheit, »das Herz der Welt«. Wieder gilt es ganz real zu verstehen, was wir in der Meßoration beten: »So oft das Kreuzesopfer, in dem Christus, unser Osterlamm, dahingegeben wurde (1 Kor 5, 7), auf dem Altar gefeiert wird, vollzieht sich das Werk unserer Erlösung« (LG 3; KKK 1364).

In der unscheinbaren, demütigen Form der eucharistischen Feier »vollzieht sich das Werk unserer Erlösung«: »Dieses Opfer unserer Versöhnung bringe *der ganzen Welt* Frieden und Heil« (3. Euch. Hochgebet).

Wir werden erst im Himmel sehen, wie wir der communio sanctorum unser Heil verdanken. Sehr anschaulich sagt es Thérèse: »Im Himmel wird man keinen gleichgültigen Blicken begegnen, weil alle Erwählten erkennen werden, daß sie einander die Gnadengaben verdanken, die ihnen die Lebenskrone einbrachten« (Derniers entretiens 15. 7. 5).

Die communio sanctorum ist »eine unabsehbare Gemeinschaft von füreinander Einstehenden«[9]. *Darin* liegt ihre unermeßliche Effizienz für das Heil »der ganzen Welt«.

»Einer für den anderen«, das ist das Lebensprinzip der Communio Sanctorum von Christus her. Er erweist seine Wirksamkeit in besonderer Weise auch in der Gemeinschaft mit *den Verstorbenen*. »Unser Gebet für die Verstorbenen kann nicht nur ihnen selbst helfen: wenn ihnen geholfen ist, kann auch ihre Fürbitte für uns wirksam werden« (KKK 958).

»Die geringste unserer Handlungen wirkt sich, wenn sie aus Liebe geschieht, *zum Vorteil aller* aus ... Jede Sünde schadet dieser Gemeinschaft« (KKK 953).

So heißt »Communio sanctorum« auch, daß wir einer für den anderen Verantwortung tragen, *alle füreinander*. Niemand ist eine Insel. »Keiner von uns lebt sich selber und keiner stirbt sich selber« (Röm 14, 7). Die communio sanctorum ist, so sagt Léon Bloy, »antidote et contrepartie de la Dispersion de Babel« – Gegengift und Gegenstück zur Zerstreuung von Babel«[10] (le Pèlerin de l'Absolu, p. 377). Und nochmals Thérèse, in den »Derniers entretiens«: »Qu'est-ce que ce sera donc au Ciel quand les âmes connaîtront celles qui les auront sauvées?!« – »Was wird das im Himmel sein, wenn die Seelen die erkennen werden, die sie gerettet haben?!« (23. 8., 6).

Dritte Betrachtung
Tertio millenio adveniente

»Die Kirche wird am Ende der Zeiten in Herrlichkeit vollendet werden«. Sie ist also noch nicht vollendet, sie wird erst vollendet werden. *Gloriose* consummabitur: in Herrlichkeit! Das heißt: sie ist noch nicht in *Herrlichkeit* vollendet. Sie ist in gewisser Weise schon vollendet, aber noch nicht in Herrlichkeit. Wie ist sie also schon vollendet, und was fehlt ihr noch, damit sie *in Herrlichkeit* vollendet wird? Und *wie* wird sie vollendet werden? Ihr Meister und Herr ist durch Leiden und Kreuz vollendet worden! Und wann soll das geschehen? »Am Ende der Zeiten!« Sie wartet nun bald 2000 Jahre, und auch wenn beim Herrn Tausend Jahre wie ein Tag sind (2 Petr 3, 8), so kann die Frage nicht ausbleiben, ob wir noch weiter warten sollen auf eine Vollendung, die schon so lange auf sich warten läßt, zu lange, allzu lange, so ist man versucht zu sagen, zumal der Herr in manchen Worten Hoffnung gegeben hat, daß Sein Kommen »bald« bevorstehe und prophetische Worte dies bestätigt haben (vgl. Mk 9, 1; Offb 22, 20).

Nun, da das zweite Jahrtausend seit Christi Geburt sich dem Ende zuneigt, stellt sich diese Frage noch drängender. Wo steht die Kirche auf ihrem Weg durch die Zeit? »Custos, quid de nocte?« Ist die Nacht weit fortgeschritten? Hat sich der Tag schon genaht?

Was die Kirche als Ganze lebt und leidet, das spiegelt sich auch im Leben des Einzelnen. Jeder von uns muß sich die Frage stellen, wann der Weg der irdischen Pilgerschaft zu Ende sein wird, aber auch, wie es mit unserem persönlichen Glaubensweg steht: »Nox praecessit, dies autem appropinquabit« (Röm 13, 12). Wie weit ist unsere Nacht fortgeschritten?

So seien diese beiden letzten Betrachtungen unseres Betrachtungsweges »den letzten Dingen« der Kirche und unseres eigenen Lebens gewidmet, mit einem besonderen Blick auf das bevorstehende *Große Jubiläum.* Möge der Herr uns durch Seinen Heiligen Geist »die Zeichen der Zeit« erkennen lassen!

»Das Ende der Zeiten ist also bereits zu uns gekommen (vgl. 1 Kor 10, 11), und die Erneuerung der Welt ist unwiderruflich schon begründet und wird in dieser Weltzeit in gewisser Weise wirklich vorausgenommen. Denn die Kirche ist schon auf Erden durch eine wahre, wenn auch unvollkommene Heiligkeit ausgezeichnet« (LG 48, 3).

Es wird kein anderes, *neues* Zeitalter geben als die Zeit *post Christum natum.* Seit dem »Es ist vollbracht« (Joh 19,30) des

Karfreitags, seit dem Ostermorgen, seit dem Pfingsttag ist »die Erneuerung der Welt unwiderruflich schon begründet«. Auch die Hoffnung auf ein Neues Pfingsten in der Kirche, die mit dem II. Vatikanischen Konzil verbunden ist, richtet sich nicht auf ein *anderes* Zeitalter, vielmehr darauf, daß Christus tiefer erkannt und geliebt wird, von dem die Kirche auf dem Konzil bekennt, »daß in ihrem Herrn und Meister der Schlüssel, der Mittelpunkt und das Ziel der ganzen Menschheitsgeschichte gegeben ist« (GS 10, 2; vgl. KKK 450; Tertio Millenio Adveniente 59).

Was für die Kirche gilt, gilt auch für den Einzelnen: »Wir heißen Kinder Gottes, und wir *sind* es« (1 Joh 3, 1). »Ihr *seid* mit Christus auferweckt« (Kol 3, 1). Und doch: »Was wir sein *werden*, ist noch nicht offenbar geworden« (1 Joh 3, 2). Wann wird es offenbar werden? Wann kommt die Vollendung *vollends*? Stehen wir nicht an der Schwelle einer neuen Periode im Leben der Kirche, einer neuen Ausgießung des Heiligen Geistes?

Durch alle Jahrhunderte begleitet die Kirche *die Versuchung*, von einem »goldenen Zeitalter« des Glaubens zu träumen. Es ist verlockend, jetzt, im Blick auf das Jahr 2000, auf eine solche neue Epoche des Glaubens zu hoffen, auf eine Zeit, in der die Kirche aufstrahlen wird, in der die Widerstände weichen, der Glaube siegen wird. Eine solche Hoffnung wurde gerne im Westen gepflegt im Blick auf die verfolgten Christen im Osten. Während im Westen die Säkularisierung die Kirchen leerte, erwartete man von der Kirche im Osten den großen Neuaufbruch eines geläuterten Glaubens. Ex Occidente luxus, ex Oriente lux! Inzwischen müssen wir sehen, wie der Weg der Kirche im Osten zwar anders als unter dem Kommunismus, aber nicht weniger beschwerlich ist: zu tief sind die Zerstörungen, die der Kommunismus hinterlassen hat. Und auch in der Dritten Welt zeigt sich kein »new age« für die Kirche. Nach wie vor ist Asien in weiten Teilen für den christlichen Glauben ein abweisender Boden, und in Lateinamerika geht die Kirche durch die tiefe Prüfung der Sekten. Es sieht so aus, als mehrten sich am

Ende des Jahrtausends die Bedrängnisse der Kirche. Und spiegelt sich nicht auch hier die Situation der Kirche im Leben des Einzelnen, in unserem persönlichen Glaubensweg? Die große Hoffnung auf den großen Durchbruch des Glaubens, auf die »geglückte christliche Existenz« – hat sie sich erfüllt? Bleibt nicht Tag für Tag der oft demütigende Kampf mit der eigenen Unvollkommenheit und mit der Macht des Bösen unser Los?

Diese nüchternen Feststellungen haben nichts mit Pessimismus zu tun. Sie zeigen nur an, wie die Situation der Kirche und des einzelnen Gläubigen in der »Zeit der Kirche« beschaffen ist. Für *alle* Epochen der Kirche zwischen Pfingsten und Parusie galt und wird gelten das Wort des hl. Augustins: Die Kirche »schreitet zwischen den Verfolgungen der Welt und den Tröstungen Gottes auf ihrem Pilgerweg voran« (KKK 769). Nie wird es ihr an den Tröstungen Gottes fehlen, nie an den Bedrängnissen der Welt.

Es gab eine Zeit, nach dem Konzil, da war es verpönt, von der Welt als dem »Tal der Tränen« zu sprechen. Und doch, wie trostvoll ist es, *gementes et flentes in hac lacrimarum valle Maria*, unsere *advocata, spes nostra* zu grüßen und unter ihren Schutz zu flüchten – *sub tuum praesidium confugimus!*

Immer wird der Weg der Kirche eine *Pilgerschaft* sein. Nie dürfen wir vergessen, daß wir »hier auf Erden« »Fremde und Beisaßen«(1 Petr 2, 11) sind, die kein bleibendes Bürgerrecht haben. Und wenn wir es vergessen, wenn wir es nicht mehr wahrhaben wollen, weil wir uns »etabliert« haben, dann erinnert uns »die Welt« wieder daran, indem sie uns verfolgt oder als »Fremdlinge« behandelt.

»Pfarrei«, parochia, bedeutet Gemeinschaft von paroikoi, von heimatrechtslosen Fremdlingen. Deshalb wird die Kirche sich nie mit *einem* Volk, *einem* Stamm, *einer* Nation identifizieren können. Der Diognetbrief (Kap. 6) sagt: »*Jede* Heimat ist ihnen (den Christen) Fremde, und jede Fremde Heimat«. Dieses Fremder- und Pilgersein ist nicht nur durch die Verfolgungen auferlegt. Es ist oft auch bewußte Wahl in der Nachfolge Christi, der »in sein Eigentum kam, aber die Seinen nahmen ihn nicht auf« (Joh 1, 11): »Die Füchse haben Gruben und die Vögel des Himmels Nester; der Menschensohn dagegen hat keinen Ort, wo er sein Haupt hinlegen kann« (Mt 8, 20). Arm dem armen Christus nachzufolgen, im Himmel zu wohnen und auf Erden zu pilgern: das ist die *conditio christiana*. Gewisse Worte der Heiligen Schrift werden heute gerne überhört, wie etwa dieses: »Habt nicht die Welt lieb noch was in der Welt ist! .... Die Welt vergeht und ihre Lust ...« (1 Joh 2, 15.17). Vielleicht wurden solche Worte zu vorschnell als »Weltflucht« abgetan. Sie fehlen uns heute.

Das Erstaunliche ist nun: diese Menschen, die sich so stark nach der ewigen Heimat sehnten, die von der *fuga mundi* sprachen, waren große Zivilisatoren, Kultivatoren, liebevolle Sammler und Vermittler alles Schönen, Wahren und Guten. Während die Ideologien, die eine neue Menschheit, ein Paradies auf Erden erzwingen wollten, rundum Vernichtung und Verwüstung hinterlassen haben, hat das Mönchtum, das auch von einer neuen Menschheit träumte, die freilich erst in der kommenden Welt vollendet sein wird, nicht verwüstet und zerstört, sondern bewahrt, kultiviert, aufgebaut. Ist es nicht eigenartig, daß die großen Kulturleistungen der Christenheit von Menschen vollbracht wurden, die gleichzeitig sangen: *media vita in morte sumus* und die sich sehnten, *post hoc exilium* die Herrlichkeit des Himmels zu schauen?

Die Erbauer unserer Dome wußten, daß sie die Vollendung ihres Werkes nicht sehen werden. Woher hatten Menschen, die so stark um ihr Pilger-Sein wußten, die *Geduld*, solche Werke zu beginnen? Ist die Antwort vielleicht diese: Wer sich als Pilger weiß, der muß und will in diesem Tränental nicht schon alles besitzen und genießen. Er betrachtet sich als Glied in der langen Kette der Vorfahren und Nachfahren. Er wird leichter verzichten um des größeren, gemeinsamen Werkes willen. Sie wußten intensiv, daß

»wir hier keine bleibende Stadt haben, sondern die künftige suchen« (Hebr 13, 14), und brachten doch die Geduld auf, über Generationen an den Domen zu bauen.

Die Versuchung ist groß, zu hoffen, daß es einmal eine Zeit geben wird, in der die Kirche hier auf Erden nicht mehr das Joch der Pilgerschaft wird tragen müssen. Das Joch wird ihr nicht von der Schulter genommen werden, es wird ihr nur *leicht* gemacht, weil es *Sein* Joch ist: »Nehmt *mein* Joch auf euch ... denn mein Joch drückt nicht und meine Last ist leicht« (Mt 11, 29-30). Aber es bleibt immer das Joch zu tragen.

Bis zur Wiederkunft des Herrn wird die Kirche, werden wir alle »nur Gast auf Erden« sein. Das bedeutet aber nicht, daß die Kirche kein Interesse für diese Erde hat. *Pilger* sind nicht *Vandalen*. Die große Tugend der Pilgerschaft ist die *Geduld*, die *Ausdauer*. Mit wieviel Geduld wirkt die Kirche in der Erziehung, im Dienst an den Kranken, an den Armen! Die Paränesen des hl. Paulus sind Zeugnisse dieser Geduld. Hier wartet nicht ein ungeduldiger Apokalyptiker auf den großen, alle Probleme lösenden Eingriff Gottes. Hier spricht einer, der aus dem Glauben die Geduld der Hoffnung schöpft, die mit Ausdauer das Gute wirkt.

Die neue Evangelisierung wird vielleicht der ersten Evangelisierung nicht unähnlich sein: Es waren die kleinen Zellen christlicher Gemeinden und Häuser, die durch ihr *Leben* das »Evangelium vom Leben« verkündeten, die einer moralisch sich auflösenden antiken Gesellschaft *den Geschmack des Lebens* wiedergaben. Mit wieviel *Geduld* – und nicht ohne die mächtige Mithilfe der Gnade – wurden in eine Welt »ohne Liebe und Erbarmen« (Röm 1, 31) die Keime der Tugenden gepflanzt, so daß so etwas wie eine »Zivilisation der Liebe« anfanghaft wachsen konnte! Und doch: wieviel Unerlöstes, Unevangelisiertes blieb, selbst in der intensiven Frühzeit des Christentums. *Tertio millenio adveniente* nennt als Beispiel die seltsame Blindheit gegenüber der Sklaverei und der Folter (TMA 35), die die Kirche heute bereuen soll. Und wieviel Unerlöstes, Noch-nicht-Evangelisiertes bzw. Neu-zu-Evangelisierendes gibt es in der Kirche unserer Zeit, in unserem eigenen Leben! Für die *ganze* Pilgerzeit der Kirche gilt das Wort des Konzils: »Während Christus heilig, schuldlos, unbefleckt war (Hebr 7, 26) und Sünde nicht kannte (2 Kor 5, 21), sondern allein die Sünden des Volkes zu sühnen gekommen ist (Vgl. Hebr 2, 17), umfaßt die Kirche Sünder in ihrem eigenen Schoß. Sie ist zugleich heilig und *stets* der Reinigung bedürftig, sie geht *immerfort* den Weg der Buße und Erneuerung« (LG 8; KKK 827). *Semper purificanda* ist die Kirche, solange ihre Pilgerschaft andauert, *continuo* bedarf sie der Buße und der Erneuerung. Denn solange die Kirche auf Erden pilgert, solange noch nicht alles Christus »unterworfen ist« (1 Kor 15, 28), ist auch das Heil der Kirche, die Rettung eines jeden von uns zwar von Christus bereits für alle gewirkt, in uns aber noch nicht *vollendet*: »Christus wurde ein einziges Mal geopfert, um die Sünden vieler hinwegzunehmen; beim zweitenmal wird er nicht wegen der Sünde erscheinen, sondern um die *zu retten*, die ihn erwarten« (Hebr 9, 28).

Auch unsere edelsten Bemühungen, auch unsere christlichsten Anliegen bedürfen der Läuterung, der Erlösung. Ich nenne, abschließend, nur *ein* Anliegen, das der Heilige Vater der Kirche und allen Christen als besonders drängend ans Herz legt: die Sehnsucht nach der Einheit der Christen.

Das Konzil hat es ausgesprochen, daß die Spaltungen unter den Christen »nicht ohne die Schuld der Menschen auf beiden Seiten« (UR 3; KKK 817) zustande kamen. So ist uns heute deutlicher bewußt, daß die getrennte Christenheit auch ein Zeichen dafür ist, wieviel Unerlöstes, der Heilung und Rettung Bedürftiges es in der Geschichte der Christen gibt. Heute, da das Bemühen um die Einheit der Christen weltweit spürbar ist, müssen wir uns *auch* prüfen, ob die Suche nach der Einheit nicht ihrerseits *semper purificanda* ist.

Einer der großen geistlichen Meister unserer Zeit, der koptisch-orthodoxe Mönchsvater *Matta el Maskine* (Matthäus der Arme), macht darauf aufmerksam, daß nicht nur die Spaltungen, sondern auch die Einigungsbemühungen vom Geist der Welt geprägt sein können. Geht es um die Einheit, um die Jesus gebetet hat: »sie sollen eins sein *in uns*« (Joh 17, 21) – »wie du, Vater in mir bist und ich in dir bin« (Joh 17, 21)? Oder geht es um »Koalitionen«, um eine »Einheit, die stark macht«? Und *Amba Matta* fragt, ob nicht im Streben nach der Einheit die Versuchung stecken kann, endlich das Joch der Schwäche abzuwerfen, um vor der Welt stark sein zu können. Gerade eine seit Jahrhunderten verfolgte Kirche wie die koptische, kenne diese Versuchung[11]. Aber ist sie nicht auch da mitten in den Bemühungen der »großen Schwesterkirchen«? Und läßt uns der Herr nicht auch deshalb das Kreuz, die Schande der Uneinigkeit tragen, zum Gespött und Ärgernis der Welt, weil wir noch nicht in der Lage wären, die Einheit *so* zu leben, wie der Vater und der Sohn eins sind? Siegt die Kirche nicht gerade dann, wenn sie »schwach« ist, wenn »das Lamm, das geschlachtet ist« (Offb 5, 6) sie führt? In dem Roman »Die Magdeburgische Hochzeit«, der die deutsche Kirchenspaltung thematisiert, läßt Gertrud von Le Fort den katholischen Feldmarschall Tilly zu einem jungen protestantischen Offizier sagen: »*Maria siegt nicht mit dem Schwert in der Hand, sondern im Herzen*«.

Vierte Betrachtung
Auf, dem Bräutigam entgegen!

»Um Mitternacht aber erscholl der Ruf: Siehe, der Bräutigam! Kommt heraus, ihm entgegen!« (Mt 25, 6). Die Kirche, sagt das Konzil, »stellt Keim und Anfang des Reiches Christi auf Erden dar. Während sie allmählich wächst, streckt sie sich verlangend aus nach dem vollendeten Reich; mit allen Kräften hofft und sehnt sie sich danach, mit ihrem König in Herrlichkeit vereint zu werden«(LG 5).

Kirche ist Lebensgemeinschaft mit Jesus Christus. Wie sollte da die Kirche sich nicht danach sehnen, mit Christus vereint zu sein? Von diesem Ziel der Kirche, ihrer Vollendung in Christus, soll auch in dieser letzten Betrachtung die Rede sein. Drei aufs erste gesehen recht verschiedene Aspekte sollen in den Blick genommen werden. Was ihnen gemeinsam ist, ist die sie bestimmende Sehnsucht nach Christus:

- das liturgische Gebet versus Orientem;
- der Hirtendienst als Ausdruck der Liebe zu Christus;
- die letzte Prüfung der Kirche.

1. Die frühchristliche Liturgie war erfüllt von der Sehnsucht nach dem Kommen des Herrn. »Marana tha, Unser Herr, komm!« (1 Kor 16, 22), so lautet der liturgische Ruf der Kirche, den »der Geist und die Braut« (Offb 22, 17) Christus zurufen und auf den Er antwortet: »Ja, ich komme bald« (Offb 22, 20).

Die Feier der Eucharistie ist der privilegierte Ort, an dem die Kirche ihr »Marana tha« zum Ausdruck bringt, wird uns doch hier, in Seiner sakramentalen Gegenwart, das *pignus futurae gloriae* geschenkt, »das Unterpfand der künftigen Herrlichkeit« (KKK 1402). Ist im Bewußtsein der Gläubigen, in der Verkündigung, im Vollzug der liturgischen Feier die *eschatologische Ausrichtung* unseres Betens und Zelebrierens deutlich genug? Es geht dabei zuerst um die *innere* Ausrichtung des liturgischen Gebets, die äußere Form – etwa die Zelebrationsrichtung – ist erst in zweiter Linie wichtig.

»Die innere Richtung der Eucharistie kann immer nur dieselbe sein, nämlich von Christus im Heiligen Geist zum Vater hin – die Frage ist nur, wie man dies in der liturgischen Gebärde am besten ausdrückt«[12]

Wie kommt dies in der liturgischen Gestensprache zum Ausdruck? Zuerst dadurch, daß bis zur Liturgiereform es weitgehend üblich war, daß Priester und Volk in gemeinsamer Gebetsrichtung ihr Gebet per Christum Dominum nostrum an den Vater richteten. Nicht um die Abwendung vom Volk, sondern um die gemeinsame Zuwendung zum Herrn ging es: »Conversi ad Dominum oremus«, pflegt der hl. Augustinus am Ende seiner Predigten zu sagen.

Die *eschatologische* Komponente wird durch die *Ostung*, die »Orientierung« des Gebetes betont. Seit ältester Zeit beteten die Christen privat und öffentlich »versus Orientem«, in der sehnsüchtigen Erwartung der Wiederkunft des Herrn. Wie tief dieses Bewußtsein war, zeigen zahlreiche Forschungen über die genaue Achsenlage mittelalterlicher Kirchen. Der Stephansdom in Wien ist in seiner Achse genau auf den Sonnenaufgang am Stefanustag des Jahres 1137, am Tag der Grundsteinlegung, ausgerichtet. Christus, der »Oriens ex alto«, strahlt auf im Glanz seiner Heiligen.

Wie eindrucksvoll ist es noch heute, wenn das Morgenlicht durch die im Osten gelegenen Tore bzw. Fenster von St. Peter hereinflutet. Der Heilige Vater zelebriert hier seit Anfang an *versus Orientem*, Christus entgegen, *obriam Sponso*. Die Einbeziehung dieser Kosmischen Symbolik in die Liturgie ist uns heute weithin fremd geworden. Und doch, wie wichtig sind solche Zeichen, um den Glauben zu »inkarnieren«. Das gemeinsame Gebet versus Orientem, von Priester und Gläubigen, verband diese kosmische »Orientierung« mit dem Glauben an die Auferstehung Christi, den *Sol oriens*, und an Seine Parusie in Herrlichkeit.

Gewiß, diese liturgische Symbolik soll nicht verabsolutiert werden, auch soll sie nicht zum ideologischen Streitobjekt werden. *Eines* aber ist an ihr unbedingt gültig und notwendig: daß die gesamte liturgische Feier ein »obviam Sponso« ist, eine Vorwegnahme des endgültigen Kommens Christi. *Er* muß daher im Mittelpunkt stehen, *Seinen* Tod und *Seine* Auferstehung bekennen wir, auf *Seine* Wiederkunft hoffen wir.

Die historisch gesehen *neue* Form der Zelebration *versus populum* ist nicht weniger legitim, unter der Voraussetzung, daß auch in ihr die Ausrichtung auf Christus deutlich bleibt: etwa dadurch, daß der Altar, »das Sinnbild Christi selbst« (KKK 1383), wirklich in der Mitte der Feier steht, und daß der Priester, der *in persona Christi Capitis* am Altar steht, sich ganz auf Christus hin »relativiert«, von sich weg auf *Ihn* hinweist, in der Haltung des Johannes des Täufers: »Er muß wachsen, ich aber muß kleiner werden« (Joh 3, 30). »Freund des Bräutigams« zu sein, sich zu freuen »über die Stimme des Bräutigams« (Joh 3, 29) – das ist die richtige Haltung des Priesters, dessen Dienst für die Gläubigen zur Einladung wird: »Obviam Sponso!«

2. Die Sehnsucht, Christus entgegen zu gehen, bedeutet auch den Wunsch, Ihm »gleichgestaltet« zu werden (vgl. Röm 8, 29). *Obviam Sponso*, das heißt nicht nur, Seiner Parusie entgegenhoffen, sondern zuerst Ihm dorthin entgegenzugehen, wohin Er selber hinabgestiegen ist: bis zum Tod am Kreuz (Phil 2, 8). Eine - Predigt des hl. Augustinus zur Verklärung des Herrn spricht anschaulich von dieser Nachfolge: Daß wir durch viele Drangsale in das Reich Gottes gelangen müssen (Apg 14, 22), »das hatte Petrus noch nicht begriffen, als er mit Christus auf dem Berge zu leben wünschte (vgl. Lk 9, 33). Er hat dir, Petrus, das für die Zeit nach seinem Tod vorbehalten. Jetzt aber sagt er selbst: Steig hinab, um auf Erden dich abzumühen, auf Erden zu dienen, auf Erden verachtet, gekreuzigt zu werden. Das Leben steigt hinab, um sich töten zu lassen; das Brot steigt hinab, um zu hungern; der Weg steigt hinab, um auf dem Wege müde zu werden; die Quelle steigt hinab, um zu dürsten – und du weigerst dich, dich abzumühen?« (Augustinus, sermo 78, 6; KKK 556).

Obviam Sponso! Das heißt auch, Christus mit den brennenden Lampen der Hirtenliebe, des »amor pastoralis« entgegenzugehen. »Der Herr hat klar gesagt, daß der Einsatz für Seine Herde ein Beweis der Liebe zu Ihm ist« (Johannes Chrysostomus, De sac. 2, 4; KKK 1551).

»Der Priester ist berufen, lebendiges Abbild Jesu Christi, des Bräutigams der Kirche, zu sein« (Pastores dabo vobis N° 22). »Das innere Prinzip, die Kraft, die das geistliche Leben des Priesters beseelt und leitet, insofern er Christus, dem Haupt und Hirten gleichgestaltet ist, ist die *pastorale Liebe*, die Teilhabe an der Hirtenliebe Christi« (ebd. 23). *Obviam Sponso!* Das heißt für uns Priester: die Kirche, die uns anvertraute Herde, mehr und mehr mit jener Liebe Christi zu lieben, aus der heraus Er »die Kirche geliebt und sich für sie hingegeben hat« (Eph 5, 25).

3. *Obviam Sponso!* Das heißt aber auch für die Kirche als Ganze, für die Braut Christi, *Ihm* immer mehr *gleichgestaltet* zu werden. Auch sie muß, wie Er, wie jeder Gläubige, »durch viele Drangsale ... in das Reich Gottes gelangen« (Apg 14, 22). Im Blick auf das *große Jubiläum* tritt diese Frage mit neuer Deutlichkeit an die Kirche heran: Angesichts der großen, übergroßen Zahl der Märtyrer unseres Jahrhunderts, die im Buch des Lebens verzeichnet sind, ertönt neu der drängende Ruf »der Seelen aller, die hingeschlachtet worden waren wegen des Wortes Gottes und wegen des Zeugnisses, das sie abgelegt hatten« (Offb 6, 9): »Wie lange zögerst du noch, Herr, du Heiliger und Wahrhaftiger, Gericht zu halten?« (Offb 6, 10). »Da ... wurde ihnen gesagt, sie sollten noch *kurze Zeit* warten, bis die Zahl erreicht sei durch den Tod ihrer Mitknechte und Brüder, die noch sterben müßten wie sie« (Offb 6, 11).

Was ist diese »kurze Zeit«, dieses *chronon mikron* des Wartens, des Ruhens? Es ist die »Zeit der Kirche«, über deren Bedeutung wir bereits im vorangegangenen Kapitel nachgedacht haben. Hier seien noch drei ergänzende Gesichtspunkte genannt:

a) Es ist die Zeit des Wartens, des Ausharrens »bis zum Ende« (Mt 10, 22). Nach einem tiefen Gedanken des *Origenes* ist es nicht nur das Warten der pilgernden Kirche, sondern der *ganzen* Kirche des Himmels und der Erde: Auch die Heiligen des Himmels warten mit uns; sie warten, bis *alle,* auch die letzten Glieder des Leibes Christi gerettet und vollendet sind [13]. Die *ganze* Kirche ist im »Zwischenzustand«, sie wartet, ihrem Bräutigam vereint zu werden, und *alle* Glieder haben, jedes auf seine Weise, Anteil an diesem »tätigen Warten«: die Heiligen des Himmels durch ihre Fürbitte, ihren Schutz für uns Pilger; die pilgernde Kirche dadurch, daß wir »für den Leib Christi, die Kirche« in unserem irdischen Leben das ergänzen, »was an den Leiden Christi noch fehlt« (Kol 1, 24). Erst mit der Auferstehung »am Jüngsten Tag« (KKK 1001) ist der »Aufbau des Leibes Christi« (Eph 4, 12) vollendet. Diese *solidarische* Sicht der Kirche im »Zwischenzustand« kann uns helfen, einen »Heilsindividualismus« zu überwinden.

b) Es ist die Zeit der letzten Prüfungen der Kirche. Von ihr sagt der Katechismus: »Vor dem Kommen Christi muß die Kirche eine letzte Prüfung durchmachen, die den Glauben vieler erschüttern wird. Die Verfolgung, die ihre Pilgerschaft auf Erden begleitet, wird das ›Mysterium der Bosheit‹ enthüllen: Ein religiöser Lügenwahn bringt den Menschen um den Preis ihres Abfalls von der Wahrheit eine Scheinlösung ihrer Probleme. Der schlimmste religiöse Betrug ist der des Antichrist, das heißt eines falschen Messianismus, worin der Mensch sich selbst verherrlicht, statt Gott und Seinen im Fleisch gekommenen Messias« (KKK 675).

Wo stehen wir heute? Wir wissen weder den Tag noch die Stunde (vgl. Mk 13, 32). Wir wissen aber: »Die Stunde ist gekommen, aufzustehen vom Schlaf. Denn *jetzt* ist das Heil uns *näher* als zu der Zeit, da wir gläubig wurden« (Röm 13, 11).

Wie nahe der Tag ist, wissen wir nicht, doch glauben wir: »Die Kirche wird nur durch dieses letzte Pascha hindurch, worin sie dem

Herrn in Seinem Tod und Seiner Auferstehung folgen wird (vgl. Offb 19, 1-9), in die Herrlichkeit des Reiches eingehen. *Das Reich wird also nicht in stetigem Fortschritt durch einen geschichtlichen Triumph der Kirche* zustande kommen, sondern durch den Sieg Gottes im Endkampf mit dem Bösen. In diesem Sieg wird die Braut Christi vom Himmel herab kommen« (KKK 677).

Obviam Sponso! Der Weg, den die Kirche Christus entgegengeht, ist »der schmale Weg des Kreuzes« (AG 1; KKK 853).

c) Das Kommen Christi in Herrlichkeit wird Seine freie, souveräne Tat sein. Doch ist der Weg der Kirche, ihrem Bräutigam entgegen, *an ein besonderes Geheimnis* gebunden, das wir bereits in diesen Betrachtungen mehrfach bedacht haben: »Das Kommen des verherrlichten Messias hängt zu jedem Zeitpunkt der Geschichte davon ab, daß Er von ›ganz Israël‹ (Röm 11, 26) anerkannt wird, über dem zum Teil Verstockung liegt (Röm 11, 25), so daß sie Jesus ›nicht glaubten‹ (Röm 11, 20) ... ›Wenn schon ihre Verwerfung für die Welt Versöhnung gebracht hat, dann wird ihre Annahme nichts anderes sein als Leben aus dem Tod‹ (Röm 11, 15). Der Eintritt der ›Vollzahl‹ der Juden (Röm 11, 12) in das messianische Reich im Anschluß an die ›Vollzahl der Heiden‹ (Röm 11, 25) wird dem Volk Gottes die Möglichkeit geben, das ›Vollmaß Christi‹ (Eph 4, 13) zu verwirklichen, in dem ›Gott alles in allen‹ sein wird (1 Kor 15, 28)« (KKK 674).

Wird diese »Zeit der Wiederherstellung von allem« (Apg 3, 21) noch *in* der Geschichte liegen? Wird sie deren Ende sein? *Eines* ist uns im Glauben gewiß: Der Weg der Kirche *obviam Sponso* ist unlösbar verbunden mit dem Geheimnis Israëls. Noch dauert die »Zeit der Heiden« an (Lk 21, 24), und noch wartet ein Großteil Israels auf den Messias. Alle Bemühungen um die Einheit der Christen sind wichtig, ja ein Drängen des Heiligen Geistes. Und doch bleibt, solange die Kirche pilgert, solange die »Zwischenzeit« zwischen der ersten und der zweiten Parusie des Herrn dauert, die Kirche unvollendet, bleibt auch ihre Einheit stets bruchstückhaft. Deshalb sehnt sie sich danach, mit ihrem Bräutigam vereint zu werden, mit Ihm, den Simeon im Tempel gepriesen hat als »das Licht zur Erleuchtung der Heiden und Herrlichkeit für Sein Volk Israël« (Lk 2, 32).

Schlußbetrachtung

»Im Herzen der Kirche werde ich die Liebe sein«

Papst Paul VI. hat einmal von der Kirche gesagt, sie sei »das sichtbare Projekt der Liebe Gottes zur Menschheit« (Ansprache vom 22. Juni 1973; KKK 776). Diesem *Projekt der Liebe Gottes* galten unsere Betrachtungen in diesem Buch

»Gott ist in sich unendlich vollkommen und glücklich« (KKK 1) – mit diesem ersten Satz des Katechismus haben wir den Weg unserer Meditation begonnen. Wir sind den einzelnen Etappen des Weges gefolgt, auf dem der unendlich vollkommene und glückliche dreifaltige Gott den Menschen, Seinen Geschöpfen, Anteil an Seiner eigenen Glückseligkeit gibt, indem Er sie in Seine Familie, *die Kirche*, zusammenruft (vgl. KKK 1).

Die Kirche, dieses »Projekt der Liebe Gottes«, haben wir betrachtet, dem II. Vatikanischen Konzil folgend: »In der Konzilsversammlung hat sich die Kirche, um ihrem Meister ganz treu zu bleiben, die Frage nach ihrer Identität gestellt und dabei die Tiefe ihres Geheimnisses als Leib und Braut Christi wiederentdeckt« (Tertio millenio adveniente 19).

Dabei hat uns immer wieder die Frage geleitet, wo die Kirche *heute*, an der Schwelle zum dritten Jahrtausend *post Christum natum*, steht. Custos, quid de nocte? »Wird der Menschensohn, wenn er kommt, auf der Erde Glauben vorfinden?« (Lk 18, 8) – oder ist »jetzt das Heil uns näher als zu der Zeit, da wir gläubig wurden« (Röm 13, 11)? Wächst die Nacht, die Dunkelheit? Oder ist »die Stunde gekommen, aufzustehen vom Schlaf ... nox praecessit, dies autem appropinquavit« (Röm 13, 11-12)?

Wir wissen nicht um den Tag und die Stunde (Mk 13, 32), nur daß wir wachen sollen (Mt 24, 37). Und wir wissen mit der unerschütterlichen Gewißheit des Glaubens (vgl. KKK 157): »Das Ende der Zeiten *ist bereits zu uns gekommen*, und die Erneuerung der Welt ist unwiderruflich begründet und wird in dieser Weltzeit in gewisser Weise wirklich vorweggenommen« (LG 48; KKK 670).

Womit wird diese Gewißheit begründet, auf welche Zeichen kann sie verweisen, um in gewissem Sinne auch einsichtig zu sein? Das Konzil gibt diese Begründung: »Denn die Kirche ist schon auf Erden durch eine wahre, wenn auch unvollkommene Heiligkeit ausgezeichnet« (ebd.; KKK 670). Und zu Beginn des V. Kapitels der Kirchenkonstitution heißt es: »Es ist Gegenstand des Glaubens, daß die Kirche, deren Geheimnis die Heilige Synode vorlegt, *unzerstörbar* heilig ist« (LG 39; KKK 823).

Diese *heilige Kirche* ist »das Projekt der Liebe Gottes«. Sie ist die geliebte Braut, für sie hat Christus sich hingegeben, um sie zu *heiligen*. Wenn die Kirche »Lebenseinheit mit Christus« bedeutet, dann kann sie nur *heilig* sein wie Er, und *heiligend* durch Ihn. Im Glauben sind wir gewiß, daß es der Kirche niemals an der Heiligkeit fehlen wird, auch wenn ihre Glieder in vielem Sünder sind. Wer die *Heiligkeit* der Kirche findet, der hat »die Tiefe ihres Geheimnisses« entdeckt. Sie zu sehen ist die Freude Gottes und »das Verlangen der Engel« (1 Petr 1, 12). Der *heiligen* Kirche sei daher unsere letzte Betrachtung gewidmet, damit unsere Liebe zur Kirche sich an der Liebe Christi zu seiner Braut entzünde.

In unserer Eröffnungsbetrachtung sind wir den Spuren der ersten Jünger Jesu bei ihrer ersten Begegnung mit dem Meister gefolgt. In unserer Abschlußbetrachtung folgen wir wieder den Jüngern, diesmal nach Jerusalem, in den Tempel. Und wieder lädt der Herr sie ein, *zu schauen*; es ist, als wollte Er ihnen, kurz vor seinem Leiden, noch einmal das Wichtigste zeigen. Es ist, als sagte Er nochmals zu ihnen: »Kommt und seht« (Joh 1, 39). Doch was Er ihnen zeigt, ist überraschend »wenig« und »gering«:

»Als Jesus einmal dem Opferkasten (im Tempel) gegenübersaß, sah Er zu, wie die Leute Geld in den Kasten warfen. Viele Reiche kamen und gaben viel. Da kam auch ein arme Witwe und warf zwei kleine Münzen hinein. Und Er rief Seine Jünger zu sich und sagte: Amen, ich sage euch: Diese arme Witwe hat mehr in den Opferkasten hineingeworfen als alle anderen. Denn sie alle haben nur etwas von ihrem Überfluß hergegeben; sie aber, die kaum das Nötigste zum Leben hat, Sie hat alles gegeben, was sie besaß, ihren ganzen Lebensunterhalt (*holon* ton bion autês)« (Mk 12, 41-44).

Die Episode bildet bei Markus wie bei Lukas den abschließenden Höhepunkt der Reden und Taten Jesu, vor der eschatologischen Rede und der Leidensgeschichte. Es ist in dieser kleinen Szene nochmals das ganze Evangelium zusammengefaßt. Sie ist wie eine Kurzfassung des Evangeliums.

Zuerst: Jesu Blick! Jesus sitzt und *schaut*, wie die Menge Geld in den Opferkasten wirft. Lange können wir dieses *Schauen Jesu* betrachten. Denn wie sollen wir Seine Jünger werden, wenn wir nicht *Seinen Blick* kennenlernen, wenn nicht *Seine Sichtweise* zur unseren wird? Er lehrt Seine Jünger, die Dinge, die Situationen, die Menschen *mit Seinen Augen zu sehen: so bildet Jesus Seine Kirche*: Mit seinen Augen sehen, mit Seinem Geist verstehen, mit Seinem Willen wollen, mit Seinem Herzen fühlen – daraus entsteht die Kirche, darin besteht die Heiligkeit.

Jesus also betrachtet die Menschenmenge und sieht manchen Reichen, der viel in den Schatz wirft. Und da *sieht* Jesus eine *arme Witwe*. Zwei Kupfermünzen sind alles, was sie hineinwirft.

Da, jetzt ruft Jesus Seine Jünger zusammen. *Convocans* übersetzt die Vulgata. *Convocatio* ist ein Namen der Kirche. Er ruft sie zusammen, um ihnen die arme Witwe zu zeigen. Großes sagt Er über diese arme Frau: Sie hat mehr als alle gegeben, sie hat *alles* gegeben, *holon ton bion autês, alles*, was sie zum Leben hatte, »ihr ganzes Leben«.

Wegen *dieser* armen Frau ruft er eigens Seine Jünger zusammen, als müßte Er ihnen etwas ganz Wichtiges zeigen, etwas besonders Bemerkenswertes.

Die Witwe hat nicht gemerkt, daß sie gesehen worden ist, daß *Er* sie gesehen hat. Er sagt auch nichts zu *ihr*, kein Lob, keine Lohnverheißung. Umso reiner leuchtet diese unscheinbare Tat, von den Reichen, der Menschenmenge im Tempel unbeachtet, auch von den Jüngern, die – wie so oft! – nichts gemerkt hätten, hätte der Meister selber sie nicht darauf hingewiesen.

Schön ist die Tat der Witwe, weil sie völlig *selbstvergessen* ist. Hier weiß die Linke nicht, was die Rechte tut (Mt 6, 3). Hier wird das Almosen nicht gegeben, »um von den Leuten gelobt zu werden« (Mt 6, 2). Und ernst, völlig ernst ist diese Tat, weil die Witwe *alles* gegeben hat, was sie zum Leben hatte.

Warum ruft der Herr die Jünger zusammen, um ihnen diese arme Witwe zu zeigen? Weil sie *lernen* sollen, Menschen wie diese Witwe zu *sehen*. Sie, die Hirten, sollen ein Auge haben für diese Menschen, und dazu ruft Jesus sie zu *sich*, damit sie aus seinem »Blickwinkel« sehen lernen. Und sie sollen lernen, vor *dieser* Größe zu staunen: Sie sollen lernen, zu sehen, wer *groß* ist im Himmelreich. Jesus formt ihren Blick, damit sie Hirten nach Seinem Herzen werden.

Kurz vor Seinem Leiden zeigt Jesus Seinen Jüngern wie in einem Spiegelbild den ganzen Sinn Seiner eigenen Sendung: Denn Er ist gekommen in Armut, hat sich selbst entäußert (Phil 2, 7), hat sich zum Diener aller gemacht und hat schließlich »sein ganzes Leben« für uns in den Tempelschatz des Vaters geworfen.

So ist diese arme Witwe wie ein reines, unverstelltes Abbild Jesu selbst, und nicht zufällig hat die Väterexegese in ihr eine Figur der Kirche erblickt, die »erkennt, daß alles wovon sie lebt, Geschenk Gottes ist« (Beda Venerabilis, In Luc cap. 86)

Wenn wir »die Frage nach ihrer (d. h. der Kirche) Identität stellen« (Tertio millenio adveniente 19), so sind wir auf diese Gestalt verwiesen. Der Herr ruft uns, die wir zum Aposteldienst berufen sind, bei sich zusammen und zeigt uns jene Gestalt der Kirche, die wir so leicht übersehen, die aber in Seinen Augen groß ist, die arme, unbeachtete Gestalt der selbstvergessenen, selbstlosen Hingabe. Er zeigt uns, wo die *heilige Kirche* zu finden ist und lädt uns ein, Seine *Liebe* zu dieser »armen Witwe Kirche« zu teilen, in Seinen Jubelruf der Freude darüber einzustimmen, daß es dem Vater gefallen hat, Sein Geheimnis in diesen »Unmündigen« aufleuchten zu lassen (Mt 11, 25-26). *Das* ist »die Tiefe des Geheimnisses der Kirche als Leib und Braut Christi«, die das Konzil wiederentdeckt hat (Tertio Millenio Adveniente 19).

Diese verborgene, wahre Heiligkeit wird der Kirche nie fehlen. Möge auch uns Hirten nicht der Blick Jesu fehlen, sie zu sehen und den Vater, den Herrn des Himmels und der Erde, dafür zu preisen (Mt 11, 25)!

Doch dazu hilft uns der Herr selber, indem er auf den Weg der Kirche Menschen stellt, die mit Seinen Augen sehen, mit Seinem Herzen fühlen und denken. Der Herr schenkt uns leuchtende Gestalten, die die Heiligkeit der Kirche sichtbar machen.

Im »Katechismus der Katholischen Kirche« werden in großer Zahl Zeugnisse und Worte von Heiligen, Männern und Frauen, geboten. Sie sind nicht Ornament, sie sind *Kern der Katechese* selbst. In diesen brennenden Worten wird deutlich, daß die Glaubenslehre *Geist und Leben* ist.

In der Mitte des Abschnittes über »Die Kirche ist heilig« (KKK 823) steht ein bekannter Text der kleinen heiligen Thérèse aus dem Autobiographischen Manuskript B. Er sagt in unvergleichlich klarer, direkter Sprache, was das Geheimnis der Heiligkeit der Kirche ist: »Ich begriff, daß, wenn die Kirche ein aus verschiedenen Gliedern zusammengesetzter Leib ist, das edelste Organ ihr nicht fehlen dürfe; ich begriff, daß sie ein Herz haben muß, das von Liebe glüht. Ich begriff, daß die Liebe allein die anderen Glieder in Tätigkeit zu versetzen vermag, und daß, wenn sie je erlösche, die Apostel aufhören würden, das Evangelium zu verkünden, und die Märtyrer sich weigern, ihr Blut zu vergießen ... Ich begriff, daß die Liebe alle Berufungen umfaßt, daß sie alles in allem ist, daß sie alle Zeiten und Orte einschließt ..., mit einem Wort, daß sie ewig ist« (Ms. autob. B3v; KKK 826). Und Thérèse weiter: »Da rief ich im Übermaß meiner überschäumenden Freude: O Jesus, meine Liebe ... endlich habe ich meine Berufung gefunden, *Meine Berufung ist die Liebe!* ... Ja, ich habe meinen Platz in der Kirche gefunden, und diesen Platz, mein Gott, den hast du mir geschenkt ... im Herzen der Kirche ... werde ich die *Liebe* sein ... so werde ich alles sein ... so wird mein Traum Wirklichkeit werden!« (Ms. autob. B, f. 3v°).

Das Konzil hat uns deutlich in Erinnerung gerufen, daß wir *alle* zur Heiligkeit berufen sind. Doch hat kaum jemand so deutlich vorgelebt und gelehrt, daß der Weg der Heiligkeit *wirklich gangbar ist* wie die kleine heilige Thérèse. In ihrem »Acte d'offrande á l'Amour miséricordieux« finden sich Worte, die mit unvergleichlicher Präzision die katholische Lehre von der Rechtfertigung aus Gnade aussprechen. Mit diesen Worten – sie stehen im Katechismus bewußt am Ende des Kapitels über Rechtfertigung, Gnade, Verdienst – beschließen wir den Weg unserer geistlichen Übungen. Dieses Hingabegebet der kleinen heiligen Thérèse führt uns zurück zum Ausgangspunkt, hin zu dem Ziel, um dessentwillen Gott Himmel und Erde erschaffen hat – die Heimkehr der Kirche in die himmlische Heimat, in den Schoß der Heiligsten Dreifaltigkeit:

»Nach der Verbannung auf Erden hoffe ich, in der Heimat mich an Dir zu erfreuen; aber ich will nicht Verdienste für den Himmel sammeln, sondern *allein für deine Liebe arbeiten* ... Am Ende dieses Lebens werde ich mit leeren Händen vor Dir erscheinen; denn ich bitte Dich nicht, o Herr, meine Werke zu zählen. Alle unsere Gerechtigkeit ist voll Makel in deinen Augen! Ich will mich also mit deiner eigenen *Gerechtigkeit* bekleiden und von deiner *Liebe* den ewigen Besitz *deiner selbst* erlangen« (KKK 2011).

Anmerkungen

zum Kapitel I

[1] Marie-Eugène de l'Enfant Jésus, Je veux voir Dieu, Venasque 1988, 657; dt.: Maria-Eugen Grialou, Ich will Gott schauen, Fribourg/Schw. 1993, 795.

[2] Ansprache an die Fastenprediger in Rom, 28. Februar 1927; zit. bei H. de Lubac, Die Kirche. Eine Betrachtung, Einsiedeln 1968, 55.

[3] Vgl. H. Rahner, Mysterium Lunae, in: ders., Symbole der Kirche, Salzburg 1964.

[4] Kirchliche Dogmatik III/1, § 41, 3., 1945, 258-377.

[5] Vgl. P. Marie-Eugène de l'Enfant Jésus, Dieu (wie Anm. 1), 657; dt.: 795.

[6] Vgl. zum Folgenden meine Vorlesungen auf den Salzburger Hochschulwochen 1993, in: P. Gordan (Hrsg.), Lob der Erde, Graz-Wien-Köln 1994, 31-62.

[7] Dogmatik III/3, § 51,2, 1950, 490 f.

[8] R. Guardini, Der Engel des Menschen, in: Wahrheit und Ordnung. Universitätspredigten, Heft 6, München 1953.

[9] In: Ders., Im Anfang schuf Gott, Einsiedeln 1996.

[10] J. Daniélou, Gebet als Quelle christlichen Handelns, Einsiedeln-Freiburg 1994, 123.

zum Kapitel II

[1] J. Daniélou, Gebet als Quelle christlichen Handelns, Einsiedeln-Freiburg 1994, 123.

[2] Zu den Zitaten wie zum gesamten Abschnitt vgl.: Schönborn-Görres-Spaemann, Zur kirchlichen Erbsündenlehre, Einsiedeln-Freiburg 1991, 63-64.

[3] R. Guardini, Der Anfang aller Dinge, Mainz-Paderborn 1987, 90.

[4] Ebd. 105.

[5] Ebd. 107.

[6] Vgl. dazu J. Ratzinger, Die Einheit der Nationen, Salzburg 1971, 20 f.

[7] Zum Folgenden vgl. J. Kardinal Ratzinger, Evangelium, Katechese, Katechismus, München – Zürich – Wien 1995, 63-83.

[8] Ebd. 66.

[9] Vgl. dazu J. M. Garrigues, Ce Dieu qui passe par les hommes. Conférences de

Carême II, Paris 1993, 98-99.

[10] Vgl. Bella Chagall, Brennende Lichter, Hamburg 1966.

zum Kapitel III

[1] Vgl. H. Rahner, Mysterium Lunae, in : ders., Symbole der Kirche, Salzburg 1964, 91-173.

[2] Synode extraordinaire. Célébration de Vatican II, Paris 1986, 428-430.

[3] M.-E. Grialou, Ich will Gott schauen, Fribourg/Schweiz 1993, 96.

[4] J. Hick, The Myth of God Incarnate, London 1977.

[5] Jésus savait-il qu'il était Dieu? Paris 1984, 63.

[6] Vgl. A. Besançon, L'image interdite. Une histoire intellectuelle de l'iconoclasme, Paris 1994, 246-248.

[7] Originaltext: Míos son los cielos y mía la tierra, míos son las gentes, los justos son míos y míos los pecadores, los ángeles son míos y la Madre de Dios y todas las cosas son mías, y el mismo Dios es mío y para mi, porque Cristo es mío y todo para mi.

zum Kapitel IV

[1] Vgl. H. Rahner, Flumina de ventre Christi. Die patristische Auslegung von Joh 7, 37. 38, in: ders., Symbole der Kirche, Salzburg 1964, 177-235.

[2] Vgl. zusammenfassend in: Théologie de l'Eglise, Paris 1958.

[3] Maria-Eugen Grialou, Ich will Gott schauen, Fribourg/Schweiz 1993, 568; Originaltext in Je veux voir Dieu, Ed. du Carmel, 1988, 464: Quelle que soit la perception psychologique ou l'absence de perception, en disant ›Je crois ... sur l'autorité de Dieu‹ l'âme a fait un acte surnaturel, la vertu de foi est entrée en action.

[4] Auf Christus schauen. Einübung in Glaube, Hoffnung, Liebe, Freiburg 1989, 69.

[5] Ebd. 68.

[6] Ebd. 69.

[7] D. Panin, Mémoires de Sologdin, Paris 1973.

[8] Über die Hoffnung, 31.

[9] G. Bunge, Akedia. Die geistliche Lehre des EVAGRIOS PONTIKOS vom Überdruß, Köln 1989, 38.

[10] Ebd. 45.

[11] Je veux voir Dieu, V, 4A, p. 825.

[12] Julien Green et Jacques Maritain, Une grande amitié; Correspondance 1926-1972, Paris 1982, 79.

[13] J. M. Garrigues, Ce Dieu qui passe par les hommes, t. I, Paris 1992, 55; Originaltext: Si l'amour conjugal est une source qui transmet la vie, l'amour d'amitié est un elexir de vie, c'est-à-dire ce qui donne envie de continuer à vivre.

[14] Ebd 56; Originaltext: Par l'amour dans le mariage et dans l'amitié, notre vie chrétienne, nos communautés d'Eglise ensemancent le monde du goût de la vie, de l'espérance que notre vie ne va pas vers sa destruction mais vers la splendeur finale des épousailles du ciel.

zum Kapitel V

[1] H.U. von Balthasar, Theodramatik, Bd. IV, Einsiedeln 1983, 114.

[2] Ders., Homo Creatus est. Skizzen zur Theologie Bd. V, Einsiedeln 1986, 149.

[3] Ebd. 154.

[4] Ebd. 151.

[5] Vgl. H. de Lubac, Sanctorum communio, in: ders., Théologies d'occasion, Paris 1984, 11-35; hier 19.

[6] H. U. von Balthasar, Homo creatus est. Skizzen zur Theologie, Band V, Einsiedeln 1986, 163.

[7] Vgl. dazu: J. Kardinal Ratzinger, Auf Christus schauen, Freiburg 1989, 79.

[8] H. U. von Balthasar, a.a.O. (Anm. 6), 156.

[9] Ebd.

[10] Le Pèlerin de l'Absolu, 377, zit. bei: H. de Lubac, a.a.O. (Anm. 5), 23.

[11] Matta el Maskine, L'unité chrètienne, Wadi el Natroun, 155.

[12] J. Ratzinger, Das Fest des Glaubens, Einsiedeln 1981, 121.

[13] Vgl.: 7. Homilie über Leviticus, zitiert bei H. de Lubac, Katholizismus, Einsiedeln 1943, 368-373 = Text 21.

Hoffnungsvolle Texte

Aus der Kraft der Hoffnung leben

Aus dem Inhalt:

Herder · Basel · Wien

Christoph Schönborn

Leben für die Kirche